Claude Weill

Elysium hin und zurück

Claude Weill

Elysium hin und zurück

Mit Psychedelika unterwegs in der zweiten Lebenshälfte

Edition Spuren

Edition SPUREN
Bahnhofplatz 14, CH-8400 Winterthur
edition@spuren.ch   www.spuren.ch

Umschlagbild: Caos-Concept, Berlin
Buchgestaltung und Lektorat: Martin Frischknecht

Printed in Czech Republic
Druck und Bindung: Finidr
ISBN 978-3-905752-77-9

In allem sich selbst erkennen
In sich selbst alles erneut erkennen
(Buddha)

Inhaltsverzeichnis

Vorbemerkung

Wer ein Buch mit Porträts schreibt über Menschen nach der Lebensmitte, die sich seit vielen Jahren von Psychedelika (griechisch: die Seele offenbarende Substanzen) begleiten lassen oder sich früher begleiten ließen, muss sich – zumal wenn er ebenfalls in der zweiten Lebenshälfte steht – die Frage gefallen lassen, wie er es selber mit bewusstseinsverändernden Substanzen hält. Eine verfängliche Frage, denn auch der bloße Konsum von psychedelischen Substanzen ist in der Schweiz und anderswo illegal. Außer man leidet an einer schweren physischen oder psychischen Erkrankung und darf deshalb bei einer medizinisch kontrollierten Studie mitmachen, bei welcher ein Arzt Psychedelika oder Empathogene (die Empathie verstärkende Substanzen) verabreicht. Zu dieser «Zielgruppe» gehöre ich nicht und so kann ich – ohne mich strafbar zu machen – hier nur sagen, dass psychedelische und empathogene Substanzen mein Leben verändert haben. Als ich – der in seiner Jugend kaum mehr als drei Joints geraucht hatte – im Alter von 53 zum ersten Mal LSD zu mir nahm, war das für mich eine Offenbarung. Seit diesem Erlebnis habe ich die Gewissheit, dass es – um mit Shakespeares Hamlet zu sprechen – in der Tat «mehr Dinge zwischen Himmel und

Erde gibt», als wir gemeinhin annehmen. Ich habe seither wiederholt psychedelische und empathogene Substanzen in geleiteten Gruppenritualen und später auch alleine für mich ausprobiert und erprobt. Waren die vielen Substanzenreisen in den ersten Jahren «Inselerfahrungen» ohne nachhaltigen Bezug zu meinem Alltag, so veränderte sich das mit den Jahren sukzessive. Meine «Reisen» wurden weniger und vor allem nüchterner – weniger spektakulär. Mein Alltag ist hingegen eindeutig spiritueller geworden; in dem Sinne, dass ich mich mit der Welt im Guten wie im Schlechten stärker verbunden fühle, mich öfter als Teil eines größeren Ganzen erlebe, das anderen Gesetzmäßigkeiten unterliegt als jenen meines Verstandes. Der langjährige Gebrauch psychedelischer Substanzen hat indes meinen Denkapparat nicht in dem Maße beeinträchtigt, dass diese Substanzen mir verunmöglicht hätten, rational über bewusstseinsverändernde Stoffe nachzudenken und dieses Buch zu schreiben. Und ganz klar: Ohne diese speziellen Erfahrungen hätte ich in den Gesprächen mit meinen «LSD-Veteranen» und «LSD-Veteraninnen» viele der geschilderten Erfahrungen als nicht überprüfbar abhaken müssen. Die im Buch porträtierten Personen wiederum müssten sich nicht hinter Pseudonymen verstecken, wäre der Konsum von Psychedelika und Empathogenen legal. Eine Legalisierung und Regulierung dieser Substanzengruppen, wie sie zahlreiche Drogenfachleute hierzulande und weltweit fordern, würde es ermöglichen, dass die in diesem Buch versammelten Personen ihre Anonymität ablegen könnten. Weil dem (noch) nicht so ist, blieb dem Autor nichts anderes übrig, als Namen und teilweise auch Orts- und Zeitangaben zu verändern.

Einleitung

Von Albert Hofmann, dem Entdecker des LSD, ist bekannt, dass er diese das Bewusstsein verändernde Substanz bis ins hohe Alter zu sich genommen hat. Sein Gebrauch von LSD und anderen Psychedelika war geprägt von einem hohen Grad an Achtsamkeit, von sorgfältiger Überlegung und Respekt vor den Gefahren, die bei einem unsachgemäßen Umgang mit diesen wirkmächtigen Substanzen auftreten können. Ein solch zurückhaltender und vorsichtiger Gebrauch von entheogenen (das Göttliche hervorbringenden) Stoffen steht in scharfem Kontrast zum unreflektierten, exzessiven Konsumverhalten einer ganzen Generation, die in den 60er und 70er Jahren des letzten Jahrhunderts mit Hilfe von LSD und anderen psychoaktiven Substanzen auf «Trip» ging, um sich von starren gesellschaftlichen Konventionen zu befreien und Erleuchtung zu finden. Die «acid heads» von damals machten es mit ihrem ausschweifenden und unvorsichtigen Konsumverhalten den Gegnern in Politik und Gesellschaft leicht, sie und sämtliche psychedelisch wirksamen Substanzen wie LSD, Psilocybin oder Meskalin zu dämonisieren und bis heute in die Illegalität abzudrängen. Zumal es in den USA zu einzelnen spektakulären Unfällen und

Tötungsdelikten kam, darunter die schreckliche Mordserie durch Charles Manson und Mitglieder seiner «Manson Family» in Kalifornien 1969. Rückblickend hat auch Albert Hofmann einsehen müssen, dass es wohl nicht so eine kluge Idee war, LSD und Psilocybin gleich in Einmachgläsern an den amerikanischen Drogenguru Timothy Leary zu verschicken, der die Büchse der Pandora dann für jedermann weit öffnete. Mit der Ende der 60er Jahre des letzten Jahrhunderts einsetzenden Verbotsgesetzgebung, zuerst in den USA und dann weltweit, haben Substanzen mit bewusstseinserweiterndem Potenzial als gesellschaftsverändernde Kraft wohl noch für längere Zeit ausgedient. LSD, Psilocybin, Meskalin oder DMT werden vom Gesetz mit einigen Ausnahmen gleichbehandelt wie ihre schädlichen Verwandten Kokain, Heroin, Crystal Meth und andere rasch süchtig machende Drogen. Sie alle stehen unterschiedslos in den meisten Ländern dieser Erde auf den Listen verbotener Substanzen.

Umso bemerkenswerter erscheint da die Tatsache, dass es ungeachtet der gesellschaftlichen und medialen Stigmatisierung auch in unseren Breitengraden Menschen gibt, die weiterhin auf die bewusstseinsverändernde Wirkung von psychedelischen Substanzen setzen. Viele von ihnen machten ihre ersten diesbezüglichen Erfahrungen in der Aufbruchstimmung der 1960er Jahre. Ihr Experimentieren mit bewusstseinserweiternden Substanzen war vielfach begleitet von einer spirituellen Suche, der Auseinandersetzung mit östlicher Philosophie und Meditation. Den Suchenden von damals ist es so ergangen wie dem Schreibenden: Irgendwann realisierten sie, dass das Tor, welches sie da aufgestoßen hatten, immer einen Spalt offen bleibt, sodass man wieder hindurchschreiten kann. Welches Hilfsmittel man dazu benutzt, hängt von der Persönlichkeit, dem Temperament und den Neigungen der jeweiligen Person ab. Die einen meditieren, andere probieren intensive Atemtechniken wie zum Beispiel das Holotrope Atmen aus, nochmals andere versuchen sich in der tantrischen Sexualität, nutzen die eigene Stimme, intensives Tanzen und Trommeln – oder eben: sie nehmen bewusstseinsverändernde Substanzen zu sich. Menschen mit letzteren Erfahrungen gibt es auch hierzulande nicht wenige. Manch ein Großvater mag seinem Enkel beiläufig (oder stolz) erzählen, er habe in seiner Jugend auch einmal einen LSD-Trip unternommen. Aber derselbe Großvater würde seinen Enkelkindern – geschweige denn einem Außenstehenden – kaum je anvertrauen, dass er nach wie vor, im fortgeschrittenen Alter bewusstseinserweiternde Substanzen konsumiert. Ein solches Bekenntnis würde bei all jenen, denen eine solche Erfahrung abgeht, Befremden hervorrufen. Nicht allein – und vielleicht nicht einmal vorrangig – weil LSD und seine psychedelischen Verwandten verboten sind, sondern weil es für die meisten unvorstellbar ist, dass es Menschen gibt, die seit Jahren oder Jahrzehnten «Drogen konsumieren», ohne davon körperlich, geistig oder seelisch beeinträchtigt zu sein. Ja, im Gegenteil dadurch etwas zufriedener und gelassener geworden sind. Einfach deshalb, weil sie diese bewusstseinsverändernden Substanzen in ihr Leben integriert haben; sie als Hilfsmittel nutzen, um ihr Leben zu bewältigen, ihm Sinn zu geben und es in einen größeren, spirituellen Zusammenhang zu stellen.

Die in diesem Buch zu Wort kommenden Personen stehen für einen solchen Lebensweg. Von Zeit zu Zeit treten sie mit Hilfe von psychedelischen oder die Empathie fördernden Substanzen in Kontakt mit ihrem höheren Selbst, ihrem «inneren Buddha», mit Gott oder etwas Göttlichem – wie immer man die transpersonalen Anteile unseres Bewusstseins nennen will. Einige lernen auf ihren inneren Reisen ihre Ahnen kennen oder sie machen Bekanntschaft mit Göttern, mit Natur- und Pflanzengeistern. Viele erleben ihre bewusstseinsverändernden Erfahrungen auch im Rahmen einer durch psychedelische oder empathogene Substanzen unterstützten Psychotherapie, welche ihnen hilft, sich ihren Ängsten und Traumata zu stellen.

Insofern verkörpern die hier versammelten Personen eine starke Gegenthese zum herrschenden Narrativ über bewusstseinsverändernde

Substanzen. Wer sich, wie sie, in seinem/ihrem Leben von LSD und anderen das Bewusstsein erweiternden Substanzen begleiten lässt, nimmt einiges auf sich. Er oder sie muss mit Strafverfolgung rechnen, kann daher seine oder ihre Erfahrungen nur mit wenigen teilen, muss aufpassen, wem er oder sie sich anvertraut – und weiß wegen des Verbots dieser Substanzen nie genau, ob der konsumierte «Stoff» rein ist.

Dieses Buch handelt von solchen Menschen. Sie bringen die unterschiedlichsten Lebenshintergründe mit, stehen in ganz unterschiedlichen Berufen, oder sie sind bereits pensioniert und übernehmen als Großeltern Betreuungsaufgaben. Für sie alle stellt der regelmäßige oder sporadische Gebrauch von bewusstseinsverändernden Substanzen einen Zugang zu nicht alltäglichen Erfahrungen und/oder spirituell-mystischen Dimensionen dar. Wenn sie von ihren inneren Reisen zurückkommen, hat sich ihr Blick auf den Alltag verändert. Er ist nicht weniger von Anforderungen, Problemen und Prüfungen geprägt als vor dem «Trip», möglicherweise bringen aber die Rückkehrenden eine veränderte Sichtweise mit, die es ihnen leichter macht, auch mit den schwierigen Seiten des Lebens umzugehen.

Spiritualität und Mystik

EINE KURZE BEGRIFFSKLÄRUNG

Wenn im Folgenden die Rede davon ist, dass Menschen unter dem Einfluss von Psychedelika und Empathogenen «spirituell-mystische» Erfahrungen machen, dann bedarf das einer Klärung. Spiritualität wie Mystik sind beides sehr unscharfe Begriffe, und sie werden im Gebrauch entsprechend unklar verwendet. Im weitesten Sinne ist mit Spiritualität «Geistigkeit» gemeint, eine geistige Verbindung zum Transzendenten (Wikipedia). Der Ausdruck Mystik von altgriechisch mystikos «geheimnisvoll» bezeichnet Berichte und Aussagen über die Erfahrung einer göttlichen oder absoluten Wirklichkeit sowie die Bemühungen um eine solche Erfahrung. Für den Schweizer Psychiater Christian Scharfetter (1936–2012) ist Spiritualität eine «gelebte, das heißt im Alltagswirken ethisch verwirklichte Hinorientierung auf das All-Eine», welche vorkonfessionell und transkonfessionell zugleich ist*.

Spiritualität ist nicht an Religion geknüpft, kann aber Ausdruck davon sein. Das All-Eine trägt für Scharfetter viele Namen wie Gott, Tao, Brahman, Buddhanatur, Großer Geist und so weiter. Der

**Christian Scharfetter, Das Ich auf dem spirituellen Weg, S. 51*

amerikanische Psychiater und Theologe Walter Norman Pahnke (1931–1971) wiederum hat vor 60 Jahren eine Definition beziehungsweise Kategorisierung mystischer Erlebnisse vorgeschlagen, die meines Erachtens nichts von ihrer Gültigkeit verloren hat. Pahnke unterscheidet neun Charakteristika mystischer Erfahrungen*:

1) Einheit oder Gefühl der Einheit: Sie ist eine zentrale Eigenschaft mystischer Erfahrung und wird zweigeteilt in innere und äußere Einheit. Wesentliche Aspekte der inneren Einheit sind der Verlust bzw. das in-den-Hintergrund-Treten der gewöhnlichen Sinneseindrücke und der Verlust des Selbst. Auch der gewohnte Sinn für Zeit und Raum erlischt oder gerät in den Hintergrund, während ein reines, waches Bewusstsein für das, was erlebt wird, an seine Stelle tritt. Bei der äußeren Einheit können einzelne Sinne derart stark aktiviert werden, dass die Subjekt-Objekt-Schranke zusammenbricht. Man scheint mit der Umwelt, mit Objekten, Geräuschen, Tönen, Pflanzen, der Natur insgesamt, mit anderen Menschen zu verschmelzen, in ihnen aufzugehen.
2) Transzendenz von Zeit und Raum: Der dreidimensionale Raum, in dem man sich befindet, und die Uhrzeit verlieren an Bedeutung, oder sie werden ersetzt durch das Gefühl der Zeitlosigkeit, ein Gefühl von Ewigkeit, reiner

**Matthias K. Diesch, LSD: Rückkehr in die klinische Forschung, S. 62 ff.*

«Istigkeit». Voneinander abgetrennte Gegenwart, Vergangenheit und Zukunft werden als das wahrgenommen, was sie im Grunde sind: Konzepte.
3) Eine tief empfundene positive Stimmung, ein Gefühl totalen Einverstandenseins mit allem, was ist. Auch überwältigende Gefühle von Liebe, Glückseligkeit, Heiterkeit und Dankbarkeit.
4) Die Empfindung von Heiligkeit. Ein Gefühl von tiefer Ehrfurcht vor der Erhabenheit einer als ultimativ erlebten Realität.
5) Das tief empfundene Wissen, dass das, was man gerade erlebt, wahr (und keine Wahnidee) ist.
6) Ein Gefühl von Paradoxie: Während sich das Ich-Gefühl auflöst und einer Einheitserfahrung Platz macht, nimmt ein Teil des Bewusstseins diese Einheitserfahrung wahr. Das Ich ist gleichzeitig existent und nicht-existent.
7) Die Sprache reicht nicht aus, um die mystische Erfahrung wiederzugeben.
8) Die Erfahrung ist (in dieser Stärke) nicht von Dauer.
9) Die mystischen Erfahrungen führen zu dauerhaften positiv wahrgenommenen Veränderungen im Leben. Es kommt zu einer Integration in den Alltag.

Pahnkes Kategorisierung mystischer Erlebnisse geht auf das historische «Good Friday Experiment» vom Karfreitag 1962 zurück, als der Forscher in einer Doppelblindstudie Theologiestudenten Psilocybin bzw. ein Placebo verabreichte. Beinahe alle Probanden machten unter dem Einfluss von Psilocybin tiefgreifende mystische Erfahrungen, die sich langfristig positiv auf ihr Leben auswirkten. Der amerikanische Psychologe und Psychedelika-Forscher Rick Doblin konnte dies in einer Follow-up-Studie 25 Jahre später mit hoher Evidenz bestätigen. Pahnkes Kategorisierungen außergewöhnlicher mystischer Bewusstseinszustände wie auch die Beschreibung außergewöhnlicher Bewusstseinszustände (ABZ) des 2013 verstorbenen Schweizer Psychologen Adolf Dittrich werden heute in abgewandelter Form auch in Fragebogen verwendet, die in der Psychedelika-Forschung in der Schweiz zum Einsatz gelangen (zum Beispiel: Fragebogen «Grenzerfahrungen in veränderten Bewusstseinszuständen», Fragebogen «5D Altered States of Consciousness», der dem Autor freundlicherweise zur Verfügung gestellt wurde von Dr. Peter Oehen).

Was sind Psychedelika und Empathogene und wie wirken sie?

In diesem Buch werden Menschen porträtiert, die sich auf ihrem Lebensweg seit vielen Jahren von psychoaktiven Substanzen begleiten lassen. Sie tun das nicht wahllos, sondern in einer bewussten Abgrenzung. Gesundheitsschädliche, süchtig machende Drogen wie Kokain, Heroin, Crack, Metamphetamin (Crystal Meth) würden diese Menschen nicht anrühren. Ihr Interesse gilt ausschließlich psychoaktiven Substanzen, von denen sie annehmen, dass sie das Bewusstsein auf eine positive, die psychische und seelische Gesundheit fördernde Weise beeinflussen.

Dass bestimmte pflanzliche Wirkstoffe unsere Wahrnehmung von uns selber und der Welt um uns herum verändern können, wissen Menschen seit Jahrtausenden. In vielen schamanistischen Kulturen und anderen traditionellen Heilsystemen auf der ganzen Welt wurden und werden nach wie vor mit derartigen Substanzen Heilung, mystische Einheitserfahrungen und Kontakt zu den Geistern und Ahnen gesucht. Seit der Entdeckung des LSD durch den Schweizer Chemiker Albert Hofmann im Jahre 1943 und seiner weltweiten Verbreitung in den 1960er Jahren haben Millionen von Menschen ein

Werkzeug in die Hand bekommen, um spirituell-mystische Erfahrungen zu machen, welche sie in dieser Intensität und Unmittelbarkeit – wenn überhaupt – nur mit jahrelanger Meditation oder einer anderen, kontinuierlichen Praxis von Bewusstseinsarbeit hätten erreichen können.

Mit der Entdeckung des stark psychoaktiven Psilocybin und Psilocin in den mexikanischen «Zauberpilzen» durch den amerikanischen Privatgelehrten Robert Gordon Wasson und Albert Hofmann in den 1950er Jahren und dem gleichzeitigen Revival des Meskalins als psychoaktiver Bestandteil des Peyote- oder des San-Pedro-Kaktus traten weitere das Bewusstsein verändernde Substanzen in den Fokus der damaligen «Gegenkultur». 1965 stieß der amerikanische Chemiker Alexander Shulgin auf das bereits im Jahre 1912 synthetisierte Methylendioxy-N-methylamphetamin (MDMA). Die psychoaktive Substanz machte in den 1980er Jahren als Partydroge «Ecstasy» unter den Tanzbegeisterten der Technoszene Furore.

Weil MDMA stark empathogen, das heißt verbindend und das Mitgefühl steigernd wirkt, hatte es in den USA schon früher Eingang in die Psychotherapie gefunden. Dies, um seelische Prozesse in der Therapie zu vertiefen oder zu beschleunigen und die Beziehung zum Therapeuten zu festigen und zu verstärken. In der Schweiz können LSD und MDMA nach einer längeren Verbotsphase heute wieder im Rahmen einer

Ausnahmebewilligung von einer kleinen Anzahl Psychiatern legal an Patienten und Patientinnen in der Psychotherapie verabreicht werden.

Möglich geworden ist dies vor allem, weil es (siehe Interview mit Dr. Peter Oehen S. 105) an neuen, wirksamen Medikamenten zur Behandlung psychischer Erkrankungen fehlt. Psychedelika mit ihrem vergleichsweise geringen körperlichen Gefährdungspotenzial und einer kaum vorhandenen physischen Abhängigkeitsgefahr* könnten eine Alternative zur Behandlung psychisch kranker Menschen mit den gängigen Psychopharmaka darstellen. Beim Empathogen MDMA ist eine gewisse Vorsicht geboten. Tierexperimentelle Befunde lassen vermuten, dass regelmäßiger und hochfrequenter Konsum von MDMA auch beim Menschen zu einer Schädigung der Serotoninausschüttung im Gehirn führen kann**.

In den letzten 20 Jahren ist die Liste von Substanzen, welche als Türöffner zu den «inneren Räumen» zur Verfügung stehen, durch den Gebrauch der wirkmächtigen Heilpflanzenmixtur Ayahuasca nochmals erweitert worden. Ayahuasca ist, wie die Autorin und der Autor von *Ayahuasca – Rituale, Zaubertränke und visionäre Kunst aus Amazonien* zu Recht schreiben, «eines der stärksten schamanischen Heilmittel, das die

---

**Henrik Jungaberle et al. Therapie mit psychoaktiven Substanzen, S. 22*

***ebenda S. 161*

Menschheit der Pflanzenwelt zu verdanken hat»*. Bei der indigenen Bevölkerung von Amazonien wird Ayahuasca seit Jahrtausenden in schamanistischen Heilritualen verwendet. Der Konsum des aus mehreren Pflanzen gebrauten Suds, von denen eine das halluzinogene Tryptamin-Alkaloid DMT enthalten muss, verlangt seinen Adepten und Adeptinnen einiges ab. Übelkeit und Erbrechen bis zu Durchfall sind das übliche Eintrittsticket für tiefe spirituell-mystische Einsichten und Heilungserfahrungen.

Alle die oben erwähnten Substanzen gehören mit Ausnahme des MDMA zu den Psychedelika. Verschiedentlich spricht die Fachliteratur auch von Entheogenen – von Substanzen, die eine Erfahrung des All-Eins-Sein bewirken. Psychedelika lösen bei jenen, die sie zu sich nehmen, zum Teil überwältigende Visionen aus, welche ihnen tiefe Einsichten in die transpersonalen Bereiche ihrer Psyche geben können. Bewusstseinsforscher wie der Psychotherapeut und Arzt Stanislav Grof, aber auch Jack Kornfield, Ralph Metzner oder Ken Wilber haben diese Dimensionen des Bewusstseins in zahlreichen ihrer Werke detailliert ausgeführt.

Allen Psychedelika ist gemeinsam, dass sie bei jenen, die sich auf sie einlassen, spirituelle und mystische Erfahrungen auslösen können. Das geschieht nicht

**Claudia Müller-Ebeling, Ayahuasca – Rituale, Zaubertränke und visionäre Kunst aus Amazonien, S. 9*

zwingend und nicht jedes Mal; die Wirkung ist stark abhängig von der Disposition, den Absichten, der momentanen seelisch-geistigen Verfassung des Probanden. Abhängig auch von den äußeren Rahmenbedingungen, dem Setting, unter welchem psychedelische Substanzen konsumiert werden, und natürlich von der Dosierung des Psychedelikums. Früher oder später macht aber fast jeder «Psychonaut», jede «Psychonautin» die Erfahrung der «ozeanischen Selbstentgrenzung», wie sie der 2013 verstorbene Schweizer Psychologieprofessor Adolf Dittrich bezeichnet hat: die Empfindung, mehr als das persönliche Ich mit einem sterblichen Körper zu sein. Vielmehr mit etwas Größerem, «Heiligem» verbunden zu sein, das ewig währt. Menschen mit einem religiösen oder spirituellen Hintergrund bezeichnen denn auch Psychedelika vielfach als «Sakramente».

Gleichwohl erfordern diese wirkmächtigen Substanzen einen respektvollen und vorsichtigen Umgang. Zumal ihr Gebrauch von wenigen Ausnahmen abgesehen illegal, sprich unreguliert und unkontrolliert ist und der Psychonaut und die Psychonautin nie mit letzter Sicherheit wissen können, wie rein ihr Sakrament wirklich ist. Umso wichtiger für eine gefahrlose Reise durch die inneren Räume sind Set und Setting, eine angepasste Dosierung der eingenommenen Substanz sowie für den Anfänger und die Anfängerin die Betreuung durch erfahrene und integre Fachpersonen.

Ich erkannte, dass das Glück immer da ist

GESPRÄCH MIT GABRIELLA A. (59)

Zum ersten Mal LSD ausprobiert habe ich mit 15. Ich ging noch zur Schule und wohnte mit meiner Mutter und meinem Bruder in einer Zürcher Agglo-Gemeinde. Da gab es ein Musiklokal, das wir Jungen an schulfreien Nachmittagen oder am frühen Abend frequentierten. Im «X» waren Leute, die schon in der Lehre waren oder bereits im Berufsleben. Von denen erhielt ich die Trips meistens geschenkt, ich hatte als Schülerin ja wenig Taschengeld. Manchmal fuhren wir auch per Autostopp nach Zürich und besuchten das «Top Spot» oder lungerten an der «Riviera» herum. Auch hier verkehrten Leute, die kifften. Ich war neugierig auf spannende Erfahrungen, wollte einer Gruppe zugehören und nicht zu den Braven zählen. Vielleicht drei Mal im Jahr bin ich so zu einem Trip gekommen.

Eine bleibende Erinnerung mit LSD war ein Samstagabend, als wir in der Gruppe zum Waldrand spazierten und dort auf einem Bänkchen das LSD nahmen. Wir gingen in den Wald hinein, legten uns auf den Boden und schauten in den dunklen Nachthimmel. Ich weiß noch, wie intensiv ich die

Geräusche und Gerüche des Waldes wahrnahm. Wir kehrten dann zum Bänkchen zurück und hörten Musik aus dem mitgebrachten Ghettoblaster, als plötzlich die Polizei erschien. Die Polizisten leuchteten uns mit der Taschenlampe ins Gesicht, merkten aber nicht, dass wir auf Drogen waren. Wenn die das herausgefunden und meinen Eltern erzählt hätten! Ich stelle es mir lieber nicht vor.

Ein anderes Mal unternahm ich zusammen mit einer Freundin unter der Woche einen viertel LSD-Trip in der Annahme, dass diese geringe Dosis nur zwei bis drei Stunden anhalten würde. Am folgenden Tag hatte ich in der Schule zu erscheinen. Als ich zu Bett ging, spürte ich, dass die Wirkung des LSD anhielt. Mein Zimmer nahm gänzlich neue Dimensionen an. Das war eine ungewollte Herausforderung, denn ich sollte ja schlafen, damit ich am nächsten Tag ausgeruht zur Schule kam. Am Frühstückstisch fragte mich mein jüngerer Bruder: «Weshalb hast du so große Augen?» Meine Mutter war in diesem Moment Gott sei Dank im Bad.

Diese erste Phase der Substanzenerfahrung endete mit dem Übergang ins Berufsleben. Ein triftiger Grund dafür war, dass das LSD auf der Straße unreiner wurde; ich merkte es jeweils am Bauchweh nach dem Trip. Meine Neugier war fürs Erste gestillt. Ich wusste jetzt aber, dass ich eine Affinität zu psychoaktiven Substanzen hatte. Zu etwas, das mir unbekannte Räume erschloss und intensive Erfahrungen hervorrief. Insbesondere in der Natur, beim Tanzen und beim Musikhören. Was mir aber damals schon klar war: Harte Drogen würde ich nie anrühren; kannte ich doch Leute, die ins Heroin abgerutscht und gestorben waren. Ich machte meine Ausbildung zur Kleinkindererzieherin, verbrachte fünf Jahre im Beruf, gefolgt von der Ausbildung zur Soziokulturellen Animatorin. Während dieser Zeit in der Jugendarbeit trat die Faszination durch bewusstseinserweiternde Substanzen in den Hintergrund. Meine Trip-Erfahrungen kamen mir jedoch in der Jugendarbeit zugute.

Erst mit 28, als ich eine neue Liebesbeziehung einging und mir einen neuen Bekanntenkreis schuf, traten psychoaktive Substanzen wieder in mein Leben. Mein Partner und ich sowie meine Bekannten kifften öfters und entdeckten auch magische «Pilzli», die wir selber sammelten. Zusammen mit einer Freundin hatte ich mein erstes Pilzerlebnis. Wir fuhren in den Ferien mit der Vespa durch die Schweiz. An einem schönen Ort in der Natur entschieden wir uns spontan, die Pilze auszuprobieren. Das war eine intensive Erfahrung, jedoch nicht wirklich weiterführend oder nachhaltig.

Nach drei Jahren endete die Liebesbeziehung mit dem neuen Freund. Was ich beibehielt, war das gelegentliche Kiffen. Auch in der darauffolgenden Beziehung bildete der Joint am Feierabend ein festes Ritual. Zwischen 33 und 50, aksi 17 Jahre lang, rauchte ich regelmäßig Gras. Das erlebte ich als zunehmend unbefriedigend. Ich war emotional von Cannabis abhängig geworden. Mit dem Kiffen hatte ich die Tendenz entwickelt, Entscheidungen vor mir herzuschieben und träge zu werden. Als ich es schließlich bleiben ließ, realisierte ich, wie viel Kraft es mich kostete, mich nicht wieder davon verführen zu lassen. Das Rauchen habe ich hingegen beibehalten.

Erneut in Kontakt mit psychedelischen und empathogenen Substanzen kam ich vor zehn Jahren. Mein Partner und ich besuchten ein Seminar, von dem wir wussten, dass dort auch psychoaktive Substanzen verabreicht würden. Durch meine mehrheitlich positiven Erfahrungen mit LSD und Pilzen als Jugendliche und als junge Erwachsene war ich für dieses Experiment offen. Die Erlebnisse an diesem verlängerten Wochenende waren aber völlig anders als jene vor 20 Jahren. Der Workshop war strukturiert, gut aufgebaut mit erfahrenen Leitern und Leiterinnen, bei denen ich mich aufgehoben fühlte. Nicht die Substanzen standen im Mittelpunkt, sondern die Selbsterkenntnis. Einer dreitägigen Vorbereitung mit Meditationen, Energie- und Körperarbeit sowie verschiedenen Atemtechniken und Gesprächen folgte die einmalige Einnahme von Substanzen. Ich glaube, es waren MDMA und LSD. Während einer langen Phase der Stille lag jede und jeder für sich ruhig im Kreis und ließ die Substanzen ihre Wirkung entfalten. Diese Eröffnung habe ich als sehr kraftvoll erlebt. In der folgenden Chakra-Übung, welche ich mit meinem Partner machte, strömte eine Energie durch mich hindurch, wie ich sie noch nie zuvor erlebt hatte. Nach diesem Gruppenerlebnis nahmen mein Partner und ich über einen längeren Zeitraum drei- bis viermal jährlich an einer dieser psycholytisch geleiteten Substanzengruppen teil.

Seit einigen Jahren unternehmen wir solche Substanzenerfahrungen selbstverantwortlich zusammen mit guten Freunden und Freundinnen. Es geht mir bei diesen Reisen nicht ums Vergnügen – das darf durchaus sein, aber letztlich liegt der Fokus auf der Ernsthaftigkeit meiner Absicht: Was möchte ich bei mir anschauen, wozu nutze ich die Energie, die mir von der Substanz geschenkt wird? Diese Art von Selbsterforschung schätze ich. Die Herausforderung, in der Stille zu verweilen, nicht zu agieren, schwierigen Themen nicht auszuweichen, dem Energieansturm standzuhalten, ist das, worauf es ankommt.

In der ersten Zeit drehte es sich auf den Reisen meist nur um mich als Person und mein Verhältnis zu meinem Partner und zur Gruppe. Ich wurde unter anderem mit meinen Eifersuchts- und Besitzanspruchsthemen konfrontiert, mit der

Angst vor dem Ausgeschlossensein und meiner Einsamkeit. Die Substanzen halfen mir, diese Gefühle zu erkennen und sie zu benennen. Mit der Zeit habe ich begriffen, dass es an mir liegt, ob ich mich mit ihnen identifiziere und mich von ihnen bestimmen lasse, ob ich voll ins Drama gehe – oder aber einfach verweile bei dem, was sich mir gerade offenbart, ohne etwas dafür oder dagegen tun zu müssen. Auf den Reisen habe ich erlebt, dass es neben dem, was mich persönlich bewegt und umtreibt, immer auch noch andere Erfahrungsräume gibt. Gerade die Pilze sind in dieser Hinsicht gute Lehrer, an denen Frau sich nicht vorbeimogeln kann. Einmal, als ich mit dem Denken nicht aufhören konnte, haben die Pilze immer wieder gelacht, sobald sich in mir wieder eine neue Denkschlaufe auftat. Im Verlauf der Reise musste ich zunehmend über mich selber lachen.

Die Erfahrungen auf den Reisen haben sicherlich Aspekte einer Psychotherapie, gerade weil diese eng begleitet sind und die Erfahrungen nachbesprochen werden. Diese Inputs ermöglichen mir, mit eigenen Anteilen in Kontakt zu treten, die mir nicht bewusst respektive nicht so einfach zugänglich sind. Oftmals ist die Energie, welche durch mich strömt, so stark, dass sie im Verlauf der Reise alle Staus und Blockierungen in mir auflöst. Ja, die Energie geht über meinen Körper hinaus in den Raum. Dann bin ich in der Liebe, bin offen und wach, einfach da und Teil eines größeren Ganzen.

Es kann dann passieren, dass diese ruhige, «transpersonale» Energie zu anderen fließt, die in persönliche Probleme verstrickt sind. Wenn ich so über meine Erfahrungen spreche, merke ich, dass es einerseits ganz weit wird in mir. Andererseits sind solche Erfahrungen mit Worten schwierig zu beschreiben.

In unserer Gruppe haben wir im Laufe der Jahre verschiedene Substanzen ausprobiert, natürliche wie chemische. Ich vertrage nach wie vor die üblichen Dosierungen, und chemische Substanzen wie MDMA belasten meinen Kreislauf nicht. Für mich war aber schon immer klar, dass Substanzen nur ein Tor darstellen, um in andere Bewusstseinsräume zu gelangen. Ich habe mich schon in jüngeren Jahren für Heilwissen interessiert, welches über die Schulmedizin hinausgeht. Ich besuchte Seminare, welche sich mit Medialität und dem Kontakt mit Verstorbenen befassten. Ich machte auch eine mehrjährige Schamanismusausbildung ohne Verwendung von Substanzen. Den Weg des Schamanismus fand ich faszinierend, aber ich merkte irgendwann, dass mir mein Kopf im Weg stand. Eine psychedelische oder empathogene Substanz macht dir hingegen ein Geschenk, indem sie dich von deinem Kontrollzwang allmählich befreit. Noch ist es mir nicht gelungen, diese Öffnung in ihrer ganzen Intensität in den Alltag zu transformieren. Ich erlebe nach wie vor Situationen im Beruf und in Beziehungen, in denen ich in alte Verhaltensmuster zurückfalle. Das wird mir mittlerweile allerdings schneller bewusst. Weitere Substanzenreisen bringen mir bei diesem Bewusstseinsprozess nichts, hier hilft nur das kontinuierliche Üben und Integrieren in den Alltag. Dazu gehört, dass ich mich mit meinen unperfekten Anteilen anfreunde und bereit bin, ein Leben lang zu lernen.

Wo ich hingegen weitere Erfahrungen mit Substanzen für mich als dienlich betrachte, ist dort, wo ich auf der Reise so etwas wie einen Egotod erlebe – wo alles Denken, Urteilen, Bewerten, Analysieren aufhört. Ich erinnere mich, wie ich einmal auf einer hochdosierten LSD-Reise mit 300 Mikrogramm in einen solchen Glückszustand versetzt wurde. Die Energie durchströmte mich während Stunden. Vergleichbar mit einem Kornfeld im Wind, welches sich in alle Richtungen wiegt, je nachdem wie der Wind weht. Dabei begleitete mich über Stunden ein konstantes Glücksgefühl. Ich nahm wahr, dass das Glück sich immer zur Verfügung stellt, es in jedem Moment für jede und jeden da ist. Im Alltag ist diese Verbindung nicht permanent vorhanden, die Intensität der Erfahrung verblasst wieder.

Diese Diskrepanz könnte für mich ein Grund sein, irgendwann mit den Substanzen aufzuhören. Es müsste, so denke ich, möglich sein, auch ohne diese Hilfsmittel ein bewusstes und intensives Leben zu führen. Ich besuche denn auch seit zehn Jahren mit meinem Partner noch eine andere Gruppe, in welcher wir ohne Substanzen arbeiten. Unser Leitmotiv ist die Liebe zur Selbsterkenntnis. Wie wissen wir, was wahr ist? Welche Wahrheit bleibt und welche weicht immer wieder einer neuen Erkenntnis? Dieses gemeinsame Forschen und Hinschauen, was wirklich ist, eröffnet mir inzwischen ähnliche Räume wie die Arbeit mit den Substanzen. Beide Zugänge helfen zu erkennen, was wir sind und was wir nicht sind. Für mich sind dies spirituelle Erfahrungen. Spiritualität heißt für mich, dass es noch etwas gibt, das über unseren Körper und unsere Person hinausreicht. Eine Verbundenheit letztlich mit dem ganzen Universum. Psychedelika und Empathogene sind ein möglicher Zugang zu diesem universalen Raum. Sie können im Menschen etwas offenlegen, das ihn befähigt, in diese Räume zu gelangen. Sterben würde ich gerne ohne Substanzen, außer ich hätte sehr große Schmerzen. Aber ich würde gerne das umsetzen, was ich mit den Substanzen gelernt habe: den Raum halten, egal ob es angenehm oder unangenehm ist, um dann bewusst und klar zu sterben. Aber wie es dann wirklich sein wird, weiß ich nicht.

Biografische Angaben
Gabriella A. ist 1959 geboren, sie wuchs mit ihrem jüngeren Bruder in einer Zürcher

Agglomerationsgemeinde auf. Nach der Realschule absolvierte sie nach zwei Jahren Praktikum die Lehre als Kleinkindererzieherin und arbeitete während fünf Jahren in diesem Beruf. Während der berufsbegleitenden Ausbildung in Soziokultureller Animation stieg sie in die offene Jugendarbeit ein und wechselte später in den Erwachsenenbereich. Danach folgten verschiedene Anstellungen in der Beratung und Begleitung von erwerbslosen Menschen. Heute arbeitet Gabriella A. in der Jugendarbeit in einer größeren Schweizer Stadt und lebt mit ihrem langjährigen Partner im Zürcher Oberland.

Ärzte sollten Psychedelika ausprobieren dürfen

GESPRÄCH MIT XAVIER L. (64)

Erst mit 36 habe ich im Rahmen einer Psychotherapie MDMA kennengelernt. Insofern bin ich ein Spätberufener. In meiner Jugend interessierten mich all die damals bekannten Drogen wie Cannabis oder Heroin nicht. Vielleicht deshalb, weil meine Eltern starken Druck auf mich ausübten, ich solle die Finger davon lassen. In meinem Umfeld konsumierten schon einige Alkohol, rauchten und kifften. Das hat mich nicht verleiten können, es ihnen gleichzutun. Als ich 19 war, lernte ich einen gleichaltrigen Freund kennen, der bereits Heroin konsumiert hatte. Während unserer Freundschaft, die gut ein Jahr dauerte, schaffte er es, clean zu bleiben. Dann trennten sich unsere Wege. Zwei Jahre danach verstarb Beat mit nur 21 an den Folgen einer Überdosis. Da wurde mir klar, was es heißen kann, Drogen zu konsumieren.

Zu MDMA kam ich über einen Psychiater, der im Rahmen einer Sonderbewilligung des Bundesamtes für Gesundheitswesen BAG mit Substanzen arbeiten durfte. Das wusste ich aber zu Beginn der Therapie nicht. Aufgesucht hatte ich ihn aus einer Lebenskrise heraus. Auf mir lastete damals noch immer der unverarbeitete Schmerz über den Tod meiner ersten Frau, der Mutter meines Sohnes. Zudem fühlte ich mich in meiner zweiten Ehe unglücklich und gefangen.

Mein Psychiater und ich waren uns auf Anhieb sehr sympathisch und ich fühlte mich von ihm verstanden. Das erste Mal in meinem Leben setzte ich mich bewusst mit meiner Persönlichkeit und meinen Krisen und Problemen auseinander. Relativ bald schlug mir mein Therapeut Sitzungen mit Holotropem Atmen vor, von dem ich bislang noch nie etwas gehört hatte. Mit großem Erstaunen erlebte ich die tiefgreifende Wirkung dieser Atemtechnik. Psychische Probleme, die sich in mir in Form von Verspannungen und Schmerzen manifestiert hatten, lösten sich zum Teil bereits in den ersten zwei Sitzungen auf. Was ich in der Holotropen Atemarbeit an Entspannung, innerem Frieden und Geborgenheit erleben durfte, wirkt in mir bis heute nach.

Kurze Zeit nach Beginn der Atemsitzungen weihte mich mein Psychiater in die psycholytische Arbeit mit MDMA ein. Er bot mir an, mit diesem Medikament eine Therapiesitzung zu machen. Zunächst hatte ich große Angst und war skeptisch. Erst durch seine differenzierte fachliche Aufklärung konnte ich meine Zweifel überwinden und stimmte zu. Das war mein Einstieg in die Psycholytische Therapie. Die empathische und liebevolle Begleitung durch den Psychiater machte meine erste Sitzung mit MDMA zu einem Schlüsselerlebnis. Nie zuvor hatte ich mich mit vollem und klarem Bewusstsein so präsent gefühlt. Mein Herz schmerzte und jubelte zugleich. Geborgen in Liebe und Vertrauen fühlte ich mich ganz im Hier und Jetzt aufgehoben. Ich merkte, welche Bedürfnisse in mir lange Zeit zu kurz gekommen waren, und konnte sie meinem Therapeuten gegenüber zum Ausdruck bringen. So offen und lebendig hatte ich mich vorher noch nie erlebt. Ich bekam eine Ahnung, wer ich bin, wenn es mir gut geht. Auch mein Umfeld nahm die positive Veränderung bei mir wahr. In den folgenden MDMA-Sitzungen entdeckte ich mich auf eine völlig neue, kreative Weise. Dann schlug mir mein Therapeut vor, in einer nächsten Sitzung MDMA mit LSD zu kombinieren. Dieses Angebot überforderte mich, und ich bekam Angst. Ich befürchtete, dass weitere derart starke Erfahrungen mein Leben zu heftig verändern könnten. Ich brach die Therapie ab. Für mein damaliges seelisches Gleichgewicht war entscheidend, dass dieser Therapieabbruch seitens des Therapeuten sehr professionell und liebevoll begleitet wurde.

Ein Jahr später liess, ich mich von meiner zweiten Frau scheiden. Ich tat also genau das, was ich unbewusst hatte vermeiden wollen, als ich Nein zu einem LSD-Erlebnis gesagt hatte. Die starke Erfahrung mit meinem Therapeuten – dass es möglich ist, auf korrekte und wertschätzende Art auseinanderzugehen – gab mir den Mut und die Motivation, mich von meiner Frau zu trennen. Danach nahm ich den Kontakt zu meinem Psychiater wieder auf. Die MDMA/LSD-Sitzung holte ich nach und erkannte nochmals auf einer tieferen Ebene, dass ich durch meinen Therapeuten hatte lernen dürfen, wie man sich in Liebe trennt und verabschiedet. Er hatte sich für diese Rolle zur Verfügung gestellt. Das war ein weiteres Schlüsselerlebnis für mich. In den folgenden drei Jahren erfuhr ich im Rahmen meiner Psycholytischen Therapie unbeschreiblich viel über mich, meine Familie, über meine Beziehungen, über Schmerz und Liebe und das Leben generell. In vierteljährlichen Abständen nahm ich an geführten Gruppensitzungen mit LSD und MDMA teil. Nach Abschluss meiner Therapie besuchte ich ca. dreimal pro Jahr eine therapeutische Selbsterfahrungsgruppe mit Substanzen. Ich erinnere mich, dass besonders die Erfahrungen mit psilocybinhaltigen Pilzen in Kombination mit MDMA ungemein stark und herzöffnend waren.

Nun bin ich mittlerweile 25 Jahre mit psychedelischen und empathogenen Substanzen unterwegs. Eine längere Pause legte ich nur ein, als ich meine dritte Frau kennenlernte. Sie meldete Bedenken gegen meine psychedelischen Rituale an. Vier Jahre später konnte sie diese Vorbehalte ablegen. Bis zu diesem Zeitpunkt nahm ich weiter an Ritualen teil, jedoch ohne selber Substanzen zu nehmen. Ich wollte keine vorschnellen persönlichen Entwicklungsschritte machen, die meine Partnerin nicht hätte nachvollziehen können. Vor einigen Jahren hat meine Frau aus einer tiefen persönlichen Krise heraus den Entscheid getroffen, sich selber unter fachlicher Begleitung mit Substanzen helfen zu lassen.

Von wenigen Ausnahmen abgesehen nahm ich psychedelische und empathogene Substanzen immer in einem psycholytischen Setting ein. Das ist mir wichtig zu betonen. Durch die intensive Beziehung zu meinen jeweiligen Therapeuten habe ich im Laufe der Jahre erkannt, dass ich gerne mit Menschen arbeiten würde. In meinem Erstberuf als Mechaniker und Konstrukteur in der technischen Akustik war dafür wenig Platz, obwohl ich schon immer gut auf Menschen habe eingehen können.

So entschied ich mich kurz nach Ende meiner Psychotherapie für einen Neubeginn und erlernte den Pflegeberuf mit Schwerpunkt Psychiatrie. Auch während meiner Ausbildungszeit besuchte ich in regelmäßigen Abständen Sitzungen mit Substanzen. In der Klinik, wo ich arbeitete, war ich hingegen von Ärzten umgeben, die mit dieser Art von Therapie nicht vertraut waren. Die Tatsache, dass unsere Patienten in der Klinik mit sedierenden Medikamenten in hohen Dosierungen behandelt wurden, brachte mich oft in ein

Dilemma. Einerseits sah (und sehe) ich ein, dass für Menschen, die sich in einer akuten psychotischen Krise befinden, der Einsatz von Neuroleptika oft unumgänglich ist. Andererseits habe ich im Kontakt mit psychisch kranken Menschen immer wieder die Erfahrung machen können, dass sie mir gegenüber eine Offenheit zeigten, die durch die Einnahme von sedierenden, antipsychotischen und angstlösenden Medikamenten rasch einmal verlorenging. Durch die chemische Keule wurde ihnen ein bewusster Zugang zu ihren schwierigen und quälenden Anteilen, die sich in der Krise manifestierten, verschlossen.

In meinem heutigen Beruf als psychiatrischer Pflegefachmann kommen mir meine tiefen bewusstseinserweiternden Erfahrungen in den Sitzungen mit MDMA und LSD sehr zugute. Mit LSD habe ich ähnliche Zustände erlebt wie jemand, der sich in einer psychotischen Krise befindet. Nur, dass ich meine Erfahrungen jeweils in einem von mir gewählten sicheren, ruhigen Setting machen darf und mein Ich-Bewusstsein in all seinen Qualitäten erhalten bleibt. Den Patienten und Patientinnen kann ich, gestützt auf meine Erfahrungen, versichern, dass sie ihren Wahrnehmungen, und seien sie noch so bizarr, trauen können. Es geht nicht darum, diese Wahrnehmungen zum Verschwinden zu bringen, sondern zu lernen, mit ihnen umzugehen. Insofern sehe ich die Abgabe hoch dosierter Psychopharmaka in der Psychiatrie nicht immer als den richtigen Weg an. Ich würde es begrüßen, wenn Psychiaterinnen und Therapeuten als Teil ihrer Ausbildung eigene Erfahrungen mit Psychedelika und Entaktogenen machen dürften. Dadurch würden sie die unterschiedlichen Wirkungen dieser Medikamente kennenlernen. Denn für mich sind MDMA und LSD eindeutig Medikamente. In den 50er und 60er Jahren des letzten Jahrhunderts gab es zahlreiche Ärzte und Psychotherapeuten, die diese Erfahrungen noch hatten. Dieses Wissen fehlt den heutigen jungen Ärzten und Therapeutinnen.

Wer mich bei meiner täglichen Arbeit mit psychisch kranken Menschen sehr inspiriert hat, ist Mike Hellwig mit seinem Konzept der «Radikalen Erlaubnis». Die Arbeit mit ihm hat mir nochmals deutlicher gezeigt, worauf es bei der Betreuung von Menschen in psychischen Ausnahmesituationen ankommt. Analog zu einer Substanzenreise, deren guter Verlauf davon abhängt, ob du im Moment sein kannst, geht es bei psychisch kranken Menschen darum, ihre Gefühle und inneren Dämonen wahrzunehmen, ohne mit dem Kopf eingreifen zu wollen. Ich arbeite oft mit dem Bild eines inneren Kindergartens: Alle Kinder in einem Kindergarten wollen sich ausdrücken, sie wollen gehört und wertgeschätzt werden. Wir sind alle Kindergärtner und -gärtnerinnen und haben einen «inneren Kindergarten», den wir liebevoll betreuen möchten. Durch meine langjährigen

Substanzenerfahrungen weiß ich inzwischen, wie verheerend es ist, wenn man innere Anteile und Gefühle abspaltet.

Bei meiner Arbeit habe ich auch schon mit Patienten zu tun gehabt, die eine Suchtvergangenheit hatten. Es half ihnen jeweils sehr, wenn ich ihnen erzählte, dass ich selber Erfahrungen mit Substanzen habe, nur eben ohne Suchtproblematik. Seit einigen Jahren begleite ich außerhalb meines Arbeitsfelds Menschen im Einzelsetting oder in Gruppen auf Substanzenreisen. Irgendwann war das Vertrauen in mir da: Jetzt bist du so weit und kannst Menschen auf diesem Weg helfen. Das erlebe ich als großes Geschenk. Nach meinen Sitzungen gehe ich stets zur Supervision bei meiner Psychiaterin.

Ich vertrage auch im fortgeschrittenen Alter MDMA und LSD nach wie vor gut und möchte auch wieder einmal eine hochdosierte Reise unternehmen. Für mich steht fest, dass uns Psychedelika und Entaktogene auch am Ende des Lebens gute Dienste leisten können. Auf Substanzenreisen stirbt dein Ego jedes Mal ein bisschen, insofern sind solche Erfahrungen eine gute Vorbereitung fürs wirkliche Sterben. Ich weiß von einem Mann, der vor seinem Tod in einer Gruppe seine erste MDMA-Erfahrung machte. Auf dieser Reise hatte er eine tiefe, mystische Erfahrung. Er konnte sich, mitgetragen von der ganzen Gruppe, mit seinem Tod, der ihm bevorstand, nun einverstanden erklären. Solche Erfahrungen habe ich selber immer wieder machen können. Für mich gibt es also viele gute Gründe, mit empathogenen und psychedelischen Substanzen weiterzuarbeiten, umsichtig und äußerst sorgfältig. Dies umso mehr, als die Legalisierung dieser Heilmittel auf sich warten lässt.

Biografische Angaben
Xavier L. ist in der Stadt Zürich aufgewachsen und besuchte dort die Schule. Nach der Lehre als Mechaniker und Konstrukteur in der technischen Akustik arbeitete er in seinem Beruf kurze Zeit im Angestelltenverhältnis und machte sich dann selbständig. 2002 ließ er sich zum Pflegefachmann Psychiatrie umschulen. Xavier L. ist verheiratet und hat einen erwachsenen Sohn. Seit vier Jahren ist er glücklicher Großvater. L. lebt in der Zentralschweiz, nahe dem Vierwaldstättersee. Er ist passionierter Radfahrer und bewegt sich gerne in der Natur, die ihm stets «absolut ehrlich» spiegelt, wie es ihm geht. Neben seinem verantwortungsvollen Beruf als Psychiatriepfleger legt er, wo handwerkliches Geschick gefragt ist, gerne Hand an. «Ein Teil von mir ist Mechaniker geblieben», sagt Xavier L. denn auch über sich.

Den Fußweg musst du selber gehen

GESPRÄCH MIT BRIAN D. (73)

Wenn ich zurückschaue, wo in meinem Leben die Weichen gestellt wurden für psychedelische Erfahrungen, dann kann ich sagen: Es war bereits im Alter von zwölf Jahren. Damals las ich begeistert Science-Fiction-Geschichten, die von Reisen in die fünfte Dimension handelten und somit ein multidimensionales Universum andeuteten. Die Helden meiner Kindheit nahmen an geheimnisvollen Experimenten mit unbekannten Stoffen teil, welche sie auf Reisen in andere Dimensionen vorbereiteten. Ich lebte nur noch in diesen Welten und kannte alle wichtigen SF-Autoren wie Philip K. Dick, Isaac Asimov, Ray Bradbury, Stanislaw Lem und viele andere. Sämtliche Themen, die mich später im Leben beschäftigten – erweitertes Bewusstsein und Spiritualität, neue, fremde Lebens- und Gesellschaftsformen, die Frage nach dem freien Willen, die Quantenphysik und Quantenphilosophie und so weiter –, flossen damals spielerisch in Form von Romanen in mich ein.

Zum ersten Mal Kontakt mit bewusstseinsverändernden Substanzen hatte ich mit 20. Damals war ich als Musiker mit verschiedenen Bands unterwegs und rauchte mit meinen Kollegen Marihuana. Meine Mitmusiker nahmen zu dieser Zeit bereits LSD und Meskalin. Ich wusste sofort, dass auch ich einmal LSD ausprobieren würde, aber ich wollte es in einem geschützten Rahmen tun und nicht «weil es sich einfach so gut anfühlte». Ich spürte, dass mit diesen Substanzen etwas Wichtiges, Tiefes verbunden war. Ich sollte 47 werden, bis ich meine erste Erfahrung mit MDMA machte. In einer kleinen Alphütte im Glarnerland, zusammen mit meiner Frau. Das Erlebnis war unglaublich stark und berührend; wir waren umgeben von Lichtwesen und fühlten uns im Einklang mit der Natur und der Welt. Danach stand die Tür zu anderen Räumen für mich offen.

Ich war schon als Bub ungemein wissensdurstig und wollte stets hinter die sichtbaren Dinge schauen. Ich nahm dem Pfarrer nicht ab, dass Gott irgendwo da draußen sei und ich auf der Erde getrennt von ihm. In meinen 20ern versuchte ich in therapeutischen Gruppen herauszufinden, wer ich bin. Gestalt-, Bioenergie-, Urschreitherapie – ich habe alles ausprobiert. Meine erste Reise mit Meskalin unternahm ich Ende 1992 in einer psycholytisch geführten Gruppe von über 30 Teilnehmern. Es war sehr hoch dosiertes Meskalin, und die Erfahrung damit war zwiespältig. Ich war im Vorfeld instruiert worden, dass man in diesen Gruppen ganz still sein müsse und seinen Körper nicht bewegen dürfe. Da ich solche Regeln immer sehr ernst genommen habe, war ich vor allem mit Stillhalten beschäftigt und verpasste den größten Teil der Wirkung. Was ich aber erlebte, war eine tiefe, überwältigende Ergriffenheit. Nach dieser ersten Reise mit Meskalin wusste ich, mein Leben würde eine neue Wendung nehmen. Alles, was ich bis dahin aufgrund meiner Therapieerfahrungen über mich zu wissen geglaubt hatte, wurde über den Haufen geworfen. Ich realisierte, dass durch die vielen Therapien einzig mein Ego größer geworden war.

In den nächsten drei Jahren machte ich mich im Rahmen einer psycholytischen Erfahrungsgruppe mit den Wirkungen der gebräuchlichsten Substanzen vertraut, also mit MDMA, LSD, Meskalin, mit pcilocybinhaltigen Pilzen, mit 2C-B und DMT. Für das, was ich in dieser Gruppe gelernt habe, bin ich heute noch dankbar: die verschiedenen Arten von Settings, der fein abgestimmte Einsatz von Musik, die Wirkungen der verschiedenen Substanzen auf die Energiezentren im Körper, Mischmöglichkeiten, Dosierungen – all das gab mir Sicherheit im Umgang mit diesen Stoffen. Die von einem erfahrenen Psychotherapeuten und Arzt geleitete Gruppe traf sich vier bis fünf Mal pro Jahr. Ende 1995 nahm ich zum ersten Mal an einem schamanistischen Fünf-Tages-Workshop mit psychedelischen Substanzen teil. Für mich fühlte sich dieses Setting stimmiger an als der bisherige, sehr einseitig individuell-therapeutische Rahmen in meiner Ausbildungsgruppe. Dort machte mir auch das gurumäßige Verhalten des Leiters mehr und mehr zu schaffen. Er hatte sich aus meiner Sicht in die beiden Themenkomplexe Macht und Sexualität verstrickt. Ich für meinen Teil startete eine schamanistische Ausbildung – ohne Substanzen, notabene – und es begann eine intensive Zeit mit schamanischer Arbeit und jetzt auch zunehmend eigenen Erfahrungen mit Substanzen. Entweder alleine, zusammen mit meiner Frau, mit Freunden, in anderen Gruppen. Vielleicht sechs bis acht Mal pro Jahr. Im Schamanismus traf ich etwas an, was mir wichtig erschien: Die Substanzen verstärken einen Prozess in dir, aus dem du geläutert hervorgehst. Im Gegensatz zur psychologischen Arbeit identifizierst du dich bei einem schamanistischen Setting aber nie mit dem Prozess oder der Situation. Du beobachtest sie nur. Du führst dich oder einen anderen Menschen an ein Gefühl, Thema oder Trauma heran, aber nur als Betrachter/Begleiter. Diese Vorgehensweise entsprach mir vollkommen; sie kam meinem tiefen Wunsch entgegen, mich vom Persönlichen zu lösen, es zu transzendieren.

Ungefähr ab 1997, ich war damals bereits 52, dehnte ich meine psychedelischen Erfahrungen auf zwei bis drei Trips in der Woche aus. Im Rückblick betrachtet, habe ich mir damals sicher zu viel zugemutet. Zumal ich damals mit meiner Frau ein Hotel betrieb und morgens um sieben

Uhr auf der Matte zu stehen hatte. Der Drang, hinter das Geheimnis der sichtbaren, berührbaren Phänomene zu kommen, wurde für mich eine Zeit lang zur Obsession. Es gipfelte in Experimenten mit Datura, wodurch ich zum ersten Mal einen totalen Kontrollverlust erlebte – also nicht mehr wusste, dass ich etwas eingenommen hatte. Ich begriff, dass auf diese Weise die alten Schamanen die Anderswelt erfahren und von dort ihre Informationen hergeholt hatten. Eine meiner tiefsten, aber auch furchterregendsten Erfahrungen. Ich lernte, dass diese Pflanze größten Respekt verlangt und vielleicht nicht für mich bestimmt ist, weil ich nicht in dieser Tradition geboren und darin aufgewachsen bin. Ich glaube, was mich davor bewahrt hat, mich zu verlieren oder in eine Abhängigkeit zu geraten, war meine Überzeugung, mittels Substanzen der Wahrheit näher zu kommen. So brutal ehrlich, wie sie mir meine Ängste und Schattenseiten spiegelten, waren diese Stoffe nicht zum häufigen Konsum einladend, und somit war das Suchtpotenzial denkbar gering. Ich musste mich im Gegenteil oft überwinden und mir sagen: «Jetzt versuchst du nochmals der Sache tiefer auf den Grund zu gehen».

Diese Disziplin hat mir später sehr geholfen, bei Freunden angstfrei intervenieren zu können, wenn bei ihnen Ängste aufkamen. Ich brachte mir selber Tricks bei, um mich und andere sicher durch eine Substanzerfahrung zu führen. Vieles, was ich damals auf diesen Reisen erlebt hatte, vertiefte ich später bei der Lektüre von Büchern etwa zur Quantenphysik, zu den modernen Natur- und Neurowissenschaften, zu indischen Weisheitslehren wie dem Advaita Vedanta. Ich hielt Ausschau nach Menschen, die meine Erfahrungen von einer anderen Warte aus bestätigen konnten. Für mich war es ein fruchtbarer Austausch von Theorie und Praxis. Dazwischen beschäftigten mich Fragen rund um meine Beziehung und um meine Arbeit. Ich habe nicht aufgehört, mich zu fragen, ob ich am richtigen Ort sei, meiner Berufung folge – oder aber einem falschen Pfad, auf dem sich nur wieder mein Ego aufbläht. Als gelegentlicher Begleiter von Frauen aus meinem Bekanntenkreis musste ich hinsichtlich Sexualität und manipulativem Verhalten genau hinschauen und mich fragen, ob ich nicht in dieselbe Konsum-Verführer-Haltung gerate, wie sie mir einst von meinem ersten Lehrer vorgelebt worden war. Insbesondere die Pilze zeigten mir aber schonungslos auf, wo meine suggestiven Seiten verborgen lagen.

Es war damals eine sehr intensive Zeit. Das hat sich erst nach 55 verändert, als ich die psychedelischen Erfahrungen auf ein bis zwei Reisen im Monat zu beschränken begann. Heute, mit 73, strapaziert mich eine Reise je nach Substanz deutlich mehr als früher. Es ist körperlich anstrengender, ich muss mir danach mindestens zwei Tage Zeit nehmen und ruhen. Ich bin im Umgang mit

Substanzen vorsichtiger und zurückhaltender geworden, reise vielleicht noch vier bis sechs Mal pro Jahr. Und dann nur noch mit leichten, oder bei MDMA, mit standardisierten Dosierungen. Ein Trip mit 250 Mikrogramm LSD gehört endgültig der Vergangenheit an. Auch hat sich im Laufe der Jahre die Qualität meiner psychedelischen Erfahrungen sehr verändert. Meine heutigen Reisen sind vor allem eine Zeit der Stille, des Verweilens im Hier und Jetzt. Die spektakulären Erkenntnisse, Bilder, Gefühle werden immer weniger. Einsichten suche ich nicht mehr aktiv, oft ist das Erlebnis nicht mehr als ein inneres Nicken, ein Einverstandensein mit dem, was gerade ist. Substanzenreisen helfen mir dabei, mich immer wieder zu erinnern, worum es im Leben wirklich geht. Die Stille erlaubt einem, wieder zum Essenziellen zu kommen. Die Rahmenbedingungen für die Reisen sind über die Jahre schlichter geworden, auch wenn gewisse Dinge für mich nach wie vor dazugehören: ein schöner Ort in der Natur oder ein liebevoll gestalteter, abgedunkelter Raum. Dazu auserlesene Musik.

Was ich auf meinen psychedelischen Reisen heute deutlicher wahrnehme, ist, dass sich meine Gedankenwelt schneller auflöst und ich in einen Zustand gleite, wo es kein beobachtendes Ich und kein beobachtetes Objekt mehr gibt. Diese Veränderung hat sicher auch mit meiner Begegnung mit Karl Renz zu tun. Ich lernte den deutschen

Weisheitslehrer im Jahr 2000 kennen und saß zum ersten Mal in meinem Leben einem Menschen gegenüber, den man als erwacht bezeichnen kann.

Obschon sich anlässlich unserer ersten Begegnung alles in mir gegen die Radikalität von Renz sträubte und ich den Raum verlassen wollte, blieb ich sitzen. Tief in mir sagte etwas Ja, entgegen allen Einwänden des Verstandes. Ich war bis heute nur etwa fünf Mal für ein paar Lehrgespräche bei ihm. Diese Begegnungen haben aber Mal für Mal Glaubenssätze in mir zerstört. Seither bleibt in mir die «Delete-Taste» gedrückt, und sie löscht fortwährend alles, was sich zu neuen Glaubenssätzen formen will. Die Begegnung mit Karl Renz hat unter anderem dazu geführt, dass ich mich von der Überzeugung lösen musste, der Schamanismus sei der richtige Weg für mich. Die indische Weisheitslehre Advaita, wie sie von Karl Renz gelehrt wird, konfrontiert dich unweigerlich mit dem Paradoxon, dass es keinen Pfad/Weg gibt, den du einschlagen könntest. Das Leben verläuft als solches nicht linear; es hat keine Richtung, kennt keine Zeit und keinen Raum, auch nicht einen «freien Willen», diesen oder jenen Weg einzuschlagen. Leben ist ständiges spontanes Auftauchen und Vergehen aller Erscheinungen und Formen, ist unaufhörliches Sein.

Ohne die Erfahrungen mit Psychedelika wäre ich nicht da, wo ich heute stehe. Im Gegensatz zu dem, was ich in meinen jungen Jahren in verschiedenen

Therapien erlebt habe, wo du immer etwas tun musst – mit deinen Gefühlen arbeiten, Traumata offenlegen, anders und besser werden –, erlebte ich auf meinen psychedelischen Reisen, dass Transformation erst beginnt, wenn du aufhörst, dich verändern zu wollen. Die Umwandlung stellt sich erst ein, wenn du dahin gelangst, wo die Dualität sich auflöst oder sie in den Hintergrund tritt. «Das ist gut, das ist schlecht», «das ist schön, jenes ist hässlich», «das ist erstrebenswert, jenes nicht» – all diese Polaritäten, die in unserem Leben so wichtig scheinen, verlieren unter der Wirkung von Substanzen an Bedeutung. Zu erfahren, dass das, was mich ausmacht, nicht meine flüchtigen Gedanken, Vorstellungen, Gefühle oder mein sterblicher Körper sind, ermöglicht erst Transformation und Transzendenz. Selbstredend bleibt dir die persönliche Ebene mit ihren Emotionen, Gefühlen und Irritationen erhalten. Ich mache daraus aber keine Glaubenssätze mehr, identifiziere mich weniger und gelange dadurch rascher wieder in emotional ruhigere Gewässer. Gerade in der Beziehung zu meiner Frau merke ich das stark. Früher waren wir durch Auseinandersetzungen beide schneller und länger verletzt. Das ist bei mir weitgehend weggefallen. Was soll denn verletzt werden, wenn nicht ausschließlich das Ego? Ich kann mich heute schneller bei meiner Frau entschuldigen oder wieder auf die Sachebene zurückkommen. Oder aber das ganze Missverständnis löst sich in Gelächter auf. Psychedelika lehren dich, die Dinge wahrzunehmen, ohne sie zu bewerten. Disziplin ist aber auch auf diesem «Weg» nötig. Denn wie alle großen Lehrer wissen: «Den Fußweg zum Gipfel musst du selber gehen.» Die Substanzen haben mich auf diesem Fußweg wunderbar unterstützt und mir immer wieder Mut gemacht weiterzugehen, wenn schwieriges Gelände auftauchte.

Dass Erfahrungen mit Psychedelika im weitesten Sinne Todeserfahrungen sind, war mir schon früh klar. Jede Reise mit Substanzen ist eine kleine Berührung mit dem Tod. Dein Ego wird für ein paar Stunden zurückgedrängt, verschwindet vielleicht ganz, und dies erlebt unser Verstand als Tod. Auf den hochdosierten Reisen, wie wir sie damals unternahmen, musstest du unweigerlich durch diesen Todespunkt deines Egos hindurchgehen. Hättest du Widerstand geleistet, wärst du womöglich in der Psychiatrie gelandet. Die Todesangst erlebte ich als sehr real. Bei meiner ersten Ketamin-Reise hatte ich das Gefühl, ich müsste wirklich sterben. Ich habe mich innerlich von allen verabschiedet. Der Lebensfilm lief ab, so wie es in Nahtoderfahrungen beschrieben wird. Der Gedanke stieg in mir hoch: «Jetzt hast du es übertrieben.» Was ich aus dieser Erfahrung mitgenommen habe, ist die Erkenntnis, dass man beim Sterben mit Todesangst rechnen muss. Doch sobald man merkt, dass Widerstand zwecklos ist, kommt der absolute Frieden über einen. Diese Erfahrung ließ mich erkennen, dass das, was ich wirklich bin, unsterblich ist. Was mich ausmacht, wurde nie geboren, und es wird nie sterben. Alles, was vergeht, ist der Körper. Ich habe deshalb keine Angst mehr vor dem Tod. Ob das auch für das Sterben gilt, werde ich herausfinden, wenn es geschieht. Sollte ich unheilbar krank werden und starke Schmerzen haben, würde ich versuchen diese statt mit Schmerzmitteln mit minimalen MDMA-Dosierungen zu lindern. Das hat weniger Nebenwirkungen. Sterben möchte ich hingegen ohne psychoaktive Helfer, ich will den Moment des Übergangs ganz nüchtern wahrnehmen. Dahinsiechen möchte ich aber nicht. Für diesen Fall bin ich vorbereitet und habe eine Substanz, um dem Tod nachzuhelfen. Ob ich es dann tatsächlich mache, das wird sich weisen.

Wie haben sich meine intensiven psychedelischen Erfahrungen auf mein Leben ausgewirkt? Nun, ich war und bin immer noch ein autodidaktischer, bodenständiger Handwerker. Habe mit meiner Einmannfirma alte Häuser umgebaut, habe ein paar Jahre lang versucht möglichst autark zu leben – mit Ziegen, Schafen, Gänsen und Hühnern. Auch die Jahre, als ich mit meiner Frau ein Hotel führte, waren geprägt von vielen praktischen Aufgaben, Die Erfahrungen mit psychedelischen Substanzen haben ein Urvertrauen in mein Leben gebracht, mehr Leichtigkeit und Gelassenheit, wie ich sie vorher nicht kannte. Meine Wahrnehmung wurde verfeinert, die Aufmerksamkeit gestärkt, alle meine

Sinne wurden geschärft. Dazu ein Beispiel: Wenn ich früher im Supermarkt an der Kasse stand, die Reihe immer länger wurde, weil vorne jemand seine Karte viermal verkehrt ins Kästchen gesteckt hatte, war ich rasch genervt. Heute kann ich friedlich anstehen, mit anderen vielleicht ein Gespräch anfangen. Ich nehme die Situation einfach so, wie sie ist, und kann sie sogar genießen. Oder in der Musik, da war Free Jazz am Anfang für mich einfach nur Lärm. Die Substanzerfahrungen brachten mich aber dazu, mich diesen völlig neuen, ungewohnten Klängen, diesem Zerstören von Strukturen zu öffnen, was meine Sinne für musikalische Schönheit gehörig erweiterte.

So gesehen, hat mein Leben erst mit 50 angefangen. Erst dann fand ich den Mut, mich dem Leben ganz zu überlassen. Dem Leben zu sagen: «Hier bin ich – ich stehe dir zur Verfügung. Zeig mir, was zu tun ist.» Das entbindet mich nicht der alltäglichen Entscheide und Aufgaben, aber diese erfolgen aus einer anderen Einstellung dem Leben gegenüber und aus dem Wissen, dass immer das Ganze entscheidet, in dem ich als Teil enthalten bin. Ich muss mich nicht sorgen, das Leben schaut zu mir. Handeln aus dem Nichthandeln, wie es die Taoisten ausdrücken. Ich bin weit entfernt von jenem Punkt, den man Realisation oder Erwachen nennt, aber ich erfahre immer wieder mal inneren Frieden, dieses Stillstehen der Zeit, ein Aufgehen und Verweilen in «DAS, WAS IST».

Biografische Angaben

Brian D. wurde 1945 in Bern geboren. Er wuchs in einfachen Verhältnissen auf, der Vater war Schreiner, die Mutter Hausfrau und Allrounderin. Brian D. verbrachte seine Kindheit vor allem auf dem Land, zusammen mit seiner Schwester, und strich viel durch die Wälder. Nach der Primar- und Sekundarschule absolvierte er eine kaufmännische Lehre und stieg nach der Rekrutenschule ins Berufsleben ein. Zwischen 16 und 36 war er neben seinem Job als Sachbearbeiter in verschiedenen Bands (Volksmusik bis Rock und Jazz) als Musiker unterwegs. 1969 kam seine Tochter zur Welt, und die Familie zog in ein eigenes Haus im Toggenburg. Der Umbau des Hauses führte zu seinem neuen Beruf als eigenständigem Handwerker. D. betrieb den Ausbau von alten Häusern in fast allen Bausparten. Mit seiner zweiten Partnerin übte er ab 1995 einen zusätzlichen Beruf als Hotelier und Koch aus. Er bildete sich autodidaktisch in Psychologie, Schamanismus, Bewusstseinerweiterung aus. Heute lebt er im Schweizer Jura mit seiner Frau und freut sich am Spiel mit den Enkelkindern und am Unterhalt des großen Bauernhauses. Er liebt Gespräche und Tätigkeiten rund um spirituelle Fragen und Themen des Seins und gibt seine Kenntnisse auch gerne weiter.

Ein LSD-Führerschein wäre vernünftig

INTERVIEW MIT LUCIUS WERTHMÜLLER

Kennen Sie Menschen in der zweiten Lebenshälfte, die ab und zu oder regelmäßig Erfahrungen mit Psychedelika machen? Was zeichnet diese Menschen aus? Welchen Stellenwert nehmen psychedelische oder entaktogene Substanzen in deren Leben ein?
Ich kenne viele Menschen, die in der zweiten Lebenshälfte Psychedelika einsetzen oder sie erst dann für sich entdecken. Ich hatte einen Freund, der sich mit weit über 70 Jahren erstmals auf eine psychedelische Reise eingelassen hat. Meiner Erfahrung nach handelt es sich um neugierige, offene und vor allem mutige Personen. Bei mehreren meiner Bekannten spielt die Erkundung der inneren Räume in ihrem Leben eine wichtige Rolle.

Wie sehen Ihre persönlichen Erfahrungen mit Psychedelika aus?
Meine eigenen psychedelischen Erfahrungen sind stark mit der Person Albert Hofmanns verbunden, auch wenn kein unmittelbarer Zusammenhang zwischen meinem frühen Zugang zu LSD und ihm als Entdecker des LSD besteht. Albert Hofmann war ein Freund meiner Eltern. Mein Vater war Buchhändler und Albert Hofmann war seit den

50er Jahren des letzten Jahrhunderts Stammkunde in seinem Laden am Spalenberg in Basel. Die Buchhandlung wurde damals von vielen Literaten besucht, die Drogenerfahrungen hatten; unter anderen vom Basler Orientalisten Rudolf Gelpke, der 1966 das viel beachtete Buch *Vom Rausch im Orient und Okzident* veröffentlicht hat. Gelpke gehörte zusammen mit meinen Eltern und dem Schriftsteller Ernst Jünger zum Kreis von Albert Hofmann. Ich selber wurde dank meiner älteren Geschwister in den 60er Jahren früh mit der Gegenkultur konfrontiert. Haschisch probierte ich schon mit 13 oder 14, mit 15 hatte ich dann meinen ersten LSD-Trip. Wie bei Albert Hofmanns erster LSD-Erfahrung wurden auch bei mir wieder mystische Kindheitserinnerungen wach. Hofmann hat seine frühkindlichen Naturerfahrungen im Buch *LSD - mein Sorgenkind* akkurat beschrieben. Ich selber hatte als Kind mystische, aber auch starke paranormale Erlebnisse im Bereich Telepathie und Präkognition. Meine natürliche, kindliche Neugier hat mich immer wieder in andere Bewusstseinsräume katapultiert. Ich konnte diese Erfahrungen damals nicht einordnen, in der Pubertät verschwanden sie ganz. Mein erster LSD-Trip hat die Erinnerung daran wieder ans Tageslicht befördert. Das war sozusagen die Initialzündung dazu, dass ich zwischen 16 und 20 intensiv LSD, aber auch Meskalin und Psilocybin-Pilze ausprobiert habe. Erst mit der Zeit brachte ich meine LSD-Erfahrungen mit den

Besuchen Albert Hofmanns bei meinen Eltern in Verbindung und realisierte, dass er der Erfinder des LSD war. Und viel später entstand dann eine eigenständige Beziehung zu ihm. Die erkenntnistheoretischen Dimensionen von Psychedelika erschlossen sich mir durch Stanislav Grof, dessen Buch *Topographie des Unbewussten* mich als 20-Jährigen in den Bann zog. Es half mir, meine eigenen mystischen und spirituellen Erfahrungen zu verstehen und einzuordnen. Grofs Bücher und jene von Ram Dass (Richard Alpert) und Timothy Leary bildeten den Einstieg in eine ernsthaftere Beschäftigung mit Psychedelika. Die persönliche Begegnung mit Stanislav Grof motivierte mich, mich auch mit anderen Bewusstseinstechniken wie der Meditation oder verschiedenen Atemtechniken vertieft auseinanderzusetzen.

Dann sind Sie in der Lage zu vergleichen: Was leisten psychedelische Substanzen, insbesondere LSD, was mit anderen «Zugängen zu den inneren Räumen» nicht zu erreichen ist? Also etwa mit Askese, Atemtechniken, Meditation und Yoga, dynamischer Meditation, tantrischer Sexualität, Trommelreisen und Weiterem.
Psychedelische Substanzen eröffnen einen unmittelbaren Zugang zu inneren Räumen. Einen Instant-Zugang, wenn Sie so wollen. Bei der Meditation oder beim Yoga begibt man sich auf einen kontinuierlichen spirituellen Weg. Und dieser Weg ist das Ziel. Es kann sinnvoll sein, auch auf diesem Weg

einmal eine psychedelische Erfahrung zu machen, weil sie eben so unmittelbar und tief wirkt. Eigene Arbeit an sich selbst und Disziplin braucht es aber auch auf dem direkten Weg mit Psychedelika. Es braucht Zeit, solch tiefgreifende Erfahrungen zu integrieren. Ihre Umsetzung im Alltag ist der Prüfstand für einen nutzbringenden Gebrauch.

Sie haben Albert Hofmann gut gekannt und haben auch ein Buch über ihn und «sein» LSD geschrieben. Würden Sie sagen, Albert Hofmann war schon vor seiner Entdeckung des LSD ein Mensch mit spirituellen Neigungen?
Im Alter von 8 oder 9 Jahren machte Albert Hofmann mystische Erfahrungen in der Natur, die ihn stark geprägt haben. Später sagte er immer wieder, er habe sich damals vorgenommen, den Wundern der Schöpfung auf den Grund zu gehen. Er hat sich als Chemiker bei der Sandoz auch bewusst der Naturstoffchemie zugewandt, weil er dort die Inhaltsstoffe von Arzneipflanzen erforschen konnte. Die Entdeckung des LSD sah er nicht als Zufall an. Er war überzeugt, dass nicht er das LSD, sondern das LSD ihn gefunden hatte.

Wissen Sie, wie er persönlich mit LSD umgegangen ist? Wie häufig und in welchem Setting hat er LSD und andere Psychedelika zu sich genommen?
Was seine LSD-Erfahrungen angeht, lässt sich keine klare Trennungslinie ziehen zwischen seinen Selbstversuchen bei der Arbeit und seinem privaten

Umgang mit der Substanz. Seine Arbeitssituation bei der Sandoz gab ihm alle Freiheiten, die Substanz gründlich kennenzulernen. In den ersten Jahren nach der Entdeckung, zwischen 1943 und 1947, unternahmen alle Mitarbeitenden in Hofmanns Abteilung – einschließlich seiner Assistentin Susi Ramstein – zusammen Dutzende von Selbstversuchen. Irgendwann begann er dann Freunde einzubeziehen. Seine LSD-Reisen etwa mit dem Schriftsteller Ernst Jünger sind im Buch *LSD. Albert Hofmann und Ernst Jünger – Der Briefwechsel 1947 bis 1997* gut dokumentiert. Zwischen den LSD-Erlebnissen lagen aber manchmal lange Pausen von mehreren Jahren. Vor allem im Alter zwischen 60 und 75 hat Albert Hofmann wenige Versuche mit LSD unternommen. Ich persönlich habe außer Wein und Kirsch von seinen Kirschbäumen nie etwas anderes mit ihm zusammen kredenzt.

1985, mit fast 80, ließ er sich in Los Angeles zusammen mit der Autorin Marilyn Ferguson auf MDMA ein. Die Substanz war zuvor von seinem amerikanischen Kollegen Alexander Shulgin wiederentdeckt worden. Noch im hohen Alter von 97 Jahren probierte Hofmann DMT aus. Albert Hofmann hat «sein» LSD auch im Alter gut vertragen, allerdings ist er bei den Dosierungen meines Wissens kaum über 100 Mikrogramm hinausgegangen.

Seinen ersten Trip mit 250 Mikrogramm LSD hat er später stets als Überdosis bezeichnet. Die hohen Dosierungen, wie sie in der Hippie-Szene der 60er Jahre des letzten Jahrhunderts üblich waren, schockierten ihn.

In seinem Buch LSD – Mein Sorgenkind *hat er ja auch sein Unverständnis ausgedrückt, dass sich LSD in den 60er Jahren des 20. Jahrhunderts als Freizeitdroge etablierte.*

Das hat Albert Hofmann nie gutgeheißen. Er war lange Zeit der Ansicht, dass LSD ausschließlich in die Hände von Ärzten und Psychotherapeuten gehört. Sandoz hat ja LSD explizit als therapeutisches Hilfsmittel für Ärzte und Psychiater beworben. Im Laufe seiner Auseinandersetzung mit den antiken Mysterien von Eleusis hat Albert Hofmann aber zunehmend diese Mysterien als Modell für die Art von Initiationsritus oder kultischer Zeremonie angesehen, welche er sich für sein LSD in der Zukunft wünschte. Die Mysterien von Eleusis in Griechenland fanden über einen Zeitraum von wahrscheinlich mehr als 1500 Jahren statt. In einem sakralen Rahmen wurde den Teilnehmenden ein berauschender Trank verabreicht, der seiner Ansicht nach mit hoher Wahrscheinlichkeit ein dem LSD verwandtes Mutterkorn-Derivat enthielt. Albert Hofmann hat selber entsprechende Selbstversuche durchgeführt.

In seinen letzten Lebensjahren durfte er erleben, dass kontrollierte wissenschaftliche Studien mit LSD auch in der Schweiz zum ersten Mal wieder zugelassen wurden. Das freute Albert

Hofmann außerordentlich. Er sah dies als eine «Wiederentdeckung des Psychedelischen»; als Hoffnung dafür, dass sein LSD eines Tages wieder verfügbar würde für alle erwachsenen Personen, die einen bewussten Umgang damit anstreben.

Was ist denn Ihre Meinung zu einer Entkriminalisierung und Regulierung von Psychedelika?

Nun, man könnte sich sagen, dass sich mit dem bestehenden Modus im Umgang mit Psychedelika wie dem LSD leben lässt: Wer es als Therapeutikum möchte, wird es in absehbarer Zeit legal beziehen können. Wer LSD zur Bewusstseinserweiterung in einem sicheren Setting nehmen möchte, findet Gruppen, in denen das möglich ist.

Die Illegalität von psychedelischen Substanzen bringt es aber mit sich, dass es nicht einfach ist, zu sauberem und damit sicherem «Stoff» zu gelangen. Ich finde daher den Vorschlag des deutschen Philosophen Thomas Metzinger, eine Art «LSD-Führerschein» zu kreieren, vernünftig. Metzinger hat vor einigen Jahren die Meinung geäußert, man müsse den Umgang mit LSD analog zum Lenken eines Fahrzeugs erlernen. Theoretisch wie praktisch. Man braucht ein Grundwissen zum Umgang mit dieser Substanz, ihren Wirkungen, ihren Gefahren. Und man muss unter Anleitung einige Male diese Substanz zu sich nehmen. Ich würde niemandem empfehlen gesundheitlich schädigende Drogen wie Crystal Meth oder

Heroin zu konsumieren. Wenn es aber nach mir ginge, würde ich Psychedelika ohne Wenn und Aber legalisieren. Die FDP Basel fordert in ihrem neuen Parteiprogramm sogar eine Freigabe aller psychoaktiven Substanzen. Ein Alterslimit befürworte ich aber schon. Bei einer vollständigen Drogenlegalisierung würde viel Geld frei werden, das heute in den Strafvollzug und in Gefängnisse fließt. Dieses Geld könnte man für eine breite Aufklärung über einen verantwortlichen Umgang mit Rauschmitteln einsetzen.

Wie sehen Sie Ihre Rolle als Bewusstseinsforscher, der LSD als probates Erkundigungsmittel der inneren Räume des Menschen betrachtet – und welchen Beitrag zur Bewusstseinsentwicklung können Psychedelika überhaupt erbringen?
Ich sehe mich ein wenig als Brückenbauer zu Menschen, die vielleicht Vorurteile oder Ängste gegenüber Psychedelika haben, aber doch gerne einmal eine entsprechende Erfahrung machen möchten. Und solche Menschen gibt es viele. Menschen, die sich für die spirituellen Seiten ihres Lebens zu interessieren beginnen. Menschen auch, die spüren, dass wir einen anderen Umgang mit der Natur pflegen müssen, wenn wir als Menschheit überleben wollen. Albert Hofmann pflegte immer zu sagen: Das Wichtigste, was LSD leisten kann, ist, dich wieder in Kontakt mit der lebendigen Schöpfung zu bringen. So wie das von Hofmann

entdeckte Methergin, ein Mutterkornalkaloid, bei der physischen Geburt des Menschen hilfreich ist, kann LSD bei der spirituellen Geburt des Menschen seinen Beitrag leisten. LSD deckt alle Bereiche des Bewusstseins ab: So war Albert Hofmann der Meinung, dass es in niedrigen Dosierungen als Medikament zur Durchblutung des Gehirns geeigneter sei als geläufige Präparate auf dem Markt. Er selber hat es im hohen Alter bei sich so eingesetzt. In niedrigsten Dosierungen, dem so genannten Microdosing, macht LSD wach, es stärkt das Ich und die Kreativität. In mittleren Dosierungen kommt man in die Welt der Symbole; in den archetypischen Bereich, wo alles mit Bedeutung aufgeladen ist. In höheren Dosierungen landet man in einer verzauberten Welt, in noch höheren Dosierungen löst sich das Ich auf. LSD fügt sich also nahtlos ein in Modelle des Bewusstseins, wie sie etwa Stanislav Grof oder Ken Wilber entwickelt haben.

Wo liegen für Sie die Gefahren und Stolpersteine des psychedelischen Weges?
Wer damit nur «tolle Erfahrungen» machen möchte, bleibt in einer Konsumhaltung stecken, entwickelt rasch einmal Überheblichkeitsgefühle gegenüber Normalsterblichen, denen diese Erfahrung abgeht. Es besteht auch die Gefahr, dass man mit der Zeit bedeutsame Erfahrungen nur noch mit Hilfe von Substanzen machen kann. Der amerikanische Meditationslehrer Ram Dass (Richard

Alpert) sagte einmal im Rückblick, all die vielen Trip-Erfahrungen hätten es ihm erschwert, außerkörperliche Zustände, Kundalini-Erlebnisse und überhaupt höhere Bewusstseinszustände ohne pharmakologische Unterstützung zu erreichen. Im reiferen Alter sah Alpert die Stärke psychedelischer Substanzen darin, dass sie als «Reality Check» einem aufzeigen können, ob man noch auf dem richtigen Weg ist. Und natürlich konfrontieren einen Psychedelika auch mit seinen Schattenseiten. Das verträgt nicht jeder und jede. Mein früher Kontakt mit psychedelischen Substanzen ist deshalb sicher kein nachahmenswertes Modell. Jungen Menschen, die mit Substanzen experimentieren, lege ich deshalb heute ans Herz, respektvoll und sorgsam mit diesen Stoffen umzugehen.

Zum Interviewpartner
Lucius Werthmüller, geboren 1958, setzt sich seit seiner Jugend mit allen Grenzgebieten des menschlichen Bewusstseins auseinander. Zu seinen Spezialgebieten gehören veränderte Bewusstseinszustände und die Erforschung von Psi-Phänomenen. Er ist seit 1991 Präsident des «Basler Psi-Vereins». Im Jahr 1994 stieß er als Programmgestalter zum Team der «Basler Psi-Tage» und war von 1999 bis 2007 deren Projektleiter. Im Jahre 2000 erhielt er den Preis der Schweizerischen Stiftung für Parapsychologie. Er ist Gründungsmitglied der Gaia Media Stiftung

und seit 2017 deren Präsident. Werthmüller war Projektleiter des internationalen Symposiums «LSD – Sorgenkind und Wunderdroge», das im Januar 2006 anlässlich des 100. Geburtstags von Dr. Albert Hofmann in Basel stattfand, und des «Welt Psychedelik Forums 2008». Zusammen mit Dieter Hagenbach schrieb er die Biographie Albert Hofmann und sein LSD, *die im AT-Verlag veröffentlicht wurde. Neben anderen Aktivitäten betreibt er in Basel ein Buchantiquariat. Lucius Werthmüller ist Vater dreier erwachsener Söhne und lebt mit seiner Partnerin in Basel.*

Ich schaue nach, wie es mir wirklich geht

GESPRÄCH MIT HERBERT K. (67)

Ich habe in meinen jungen Jahren entgegen dem damaligen Zeitgeist die Finger von psychoaktiven Substanzen gelassen. Abgesehen von zwei, drei Joints, die ich zusammen mit einem Freund in seinem Musik-Proberaum im Keller eines Kirchgemeindehauses rauchte. Da war ich 20. Ich kann mich nicht erinnern, dass ich eine große Wirkung verspürt hätte. Die nächsten 30 Jahre lebte ich, was psychoaktive Substanzen anging, abstinent. Erst nach 45 erwachte in mir der Wunsch, meine innere Handbremse zu lösen und herauszufinden, was in mir steckt und wer ich wirklich bin.

Es fing mit Fallschirmspringen an, dann ging ich bei einem Feuerlauf über glühende Kohlen, besuchte Tantra-Kurse und Männer-Workshops, entdeckte das Holotrope Atmen nach Stanislav Grof, die dynamische Meditation von Osho und begab mich auf Visionssuche in der Abgeschiedenheit der Berge. Ich wollte bei all dem wissen, wieweit sich Grenzen verschieben ließen, die ich mir lange Zeit selbst auferlegt hatte. Es war eine spirituelle Suche, wie sie Männer in diesem Alter gerne überkommt.

Kurz nach meinem 49. Geburtstag war ich bei einer Freundin zu Besuch, deren 20-jähriger Sohn mir einen Artikel über psychoaktive Pilze zum Lesen gab. Ich hatte noch nie von «Zauberpilzen» gehört, nach der Lektüre des Artikels wusste ich aber, dass ich diese Grenzerfahrung nicht auslassen durfte. Die nächsten anderthalb Jahre hielt ich Ausschau nach Leuten, die mich in die Welt der «magic mushrooms» einführen würden. Die Suche gestaltete sich schwieriger als gedacht, meine Kontakte zu Althippies aus dem Bernbiet verliefen allesamt im Sand («Nei, mached mer nümme»). Und als mich eine Bekannte an einen Psychotherapeuten mit einschlägigen Erfahrungen verwies, stellte sich heraus, dass sich dieser nur mit MDMA und LSD gut auskannte. Etwas «Chemisches» wollte ich aber nicht ausprobieren. Vielleicht, so meinte der Therapeut, würde aber der Herr XY Veranstaltungen mit Pilzen anbieten. Das war der entscheidende Hinweis, der mein Leben um eine wichtige Dimension erweitern sollte.

Im Frühling 2001 begab ich mich im Rahmen einer Gruppe, welche von einem substanzenerfahrenen Paar begleitet wurde, auf meine erste Reise mit Psilocybin-Pilzen. Zuvor hatte ich mich mit dem Leiter treffen und ihm versichern müssen, dass ich weder depressiv noch psychotisch veranlagt sei. «Zu mir kommt man erst, wenn man seine Psychotherapie hinter sich hat», waren seine Worte. Das war kein Problem für mich, da ich bereits Mitte 20 eine Psychotherapie gemacht hatte. Mein erster Trip mit psilocybinhaltigen Pilzen war absolut überwältigend. Ich saß neben den anderen Teilnehmenden im Kreis und soll, wie mir nachher versichert wurde, zehn Stunden staunend und mit weit offenen Augen dagesessen haben. Um mich verwandelte sich die Welt in ein Märchen aus *Tausendundeine Nacht*, meine Reisebegleiter und -begleiterinnen mutierten zu überirdisch schönen Prinzen und Prinzessinnen. Ich konnte sie durch bloßes Anschauen in hässliche Zwerge mit langen Nasen verwandeln. Die Farben waren um vieles lebhafter und leuchtender, als ich sie je erlebt hatte. Sie sprangen mich gleichsam an. Es war eine Erfahrung, die in mir eine Türe weit aufstieß.

Nach diesem Wochenende war klar, dass ich an den vierteljährlichen Veranstaltungen regelmäßig teilnehmen würde. Das Setting dieses «Kreises» war schamanistisch. Zu Beginn jeder Reise riefen wir die Ahnen, Schutzgeister und die vier Himmelsrichtungen an. Ein Sprechstab wurde herumgereicht, der Raum mit wildem Salbei geräuchert. Das und die Ruhe und Erfahrung des Leiterpaares gaben mir die nötige Sicherheit, mich den Substanzen anzuvertrauen. Zu den Pilzen gesellten sich bald Meskalin und das von mir anfangs verschmähte MDMA, später auch LSD. Wir reisten hochdosiert, entsprechend stark waren die Erlebnisse auf den Trips.

In den ersten vier, fünf Jahren bewegte ich mich auf den Reisen ausschließlich in transpersonalen Dimensionen. Es tauchten keine persönlichen Themen aus meinem Leben auf, sondern ich schwebte als reines Bewusstsein durch ferne Galaxien , erblickte die Schönheit und den Schrecken archaischer Gottheiten, sah mich in einem früheren Leben als Eroberer am Bug einer spanischen Karavelle, oder begleitete insektenartige Außerirdische in ihrem Raumschiff.

Bei all diesen Visionen blieben mein Bewusstsein oder wenigstens Teile davon intakt. Ich war nicht in einer Psychose eingeschlossen, sondern offen für das, was immer sich mir zeigen wollte. Das MDMA wiederum weitete mein Herz in nie gekannter Weise. Ich fühlte mich mit allen im Kreis verbunden und zutiefst einverstanden mit allem, was existiert. Diese «ozeanische Selbstentgrenzung» war überwältigend, und sie hatte eindeutig Suchtpotenzial. Nicht körperlich, aber psychisch. Was mir in meiner Euphorie – wie fast jedem, der sich auf den Weg der Substanzen begibt – entging, war die Gesetzmäßigkeit, dass sich diese starken Erlebnisse mit der Zeit abschwächen und nicht beliebig wiederholen lassen. Das war irritierend und frustrierend für mich, zumal jetzt auf den Reisen plötzlich doch persönliche Themen meldeten. Wenn das passiert, muss man diese genau anschauen. Tut man das nicht, befindet man sich plötzlich auf einem schlechten Trip. Das ist mir in all den Jahren zwar nie passiert, aber schwierige Phasen während der Substanzenreisen gab es nach den ersten Jahren der Euphorie praktisch immer. Der positive Effekt war, dass sich meine Erlebnisse auf der Reise allmählich besser in meinen Alltag integrieren ließen. Nach nunmehr 18 Jahren Erfahrungen mit Substanzen erfolgt diese Integration heute viel schneller, manchmal geht mir noch auf dem Trip ein Licht auf. Du musst dir vorstellen, dass insbesondere MDMA deine Widerstände gegen notwendige Einsichten massiv abbaut. Auch schwierige Lebenssituationen zu akzeptieren oder konstruktiv zu verändern, fällt einem mit der Zeit leichter. Für mich ist das eine der Hauptwirkungen der Substanzen.

Ich fühle mich heute mit dem Leben stärker verbunden als noch vor 20 Jahren, obwohl ich dem Tod näher gerückt bin. Ich empfinde oft eine ungemein große Dankbarkeit dafür, am Leben zu sein. Die Einsicht wächst, dass auch die schwierigen Aspekte in meinem Leben sinnvoll sind, ihren Platz haben als Teil eines größeren Ganzen. Sicher verdanke ich diese verstärkte Akzeptanz auch meinem Älterwerden, das mehr Schwieriges, Unabwendbares mit sich bringt. Die Gruppe, die mir zu Beginn so wichtig war, besuche ich nur noch sporadisch. Einmal im Sommer unternehme ich mit Meskalin oder Pilzen eine Wanderung in der Nähe meines Wohnortes. Zweimal im Jahr halte ich unter dem Einfluss von MDMA ein Zwiegespräch mit mir selber. Ich schaue sozusagen nach, wie es mir wirklich geht. Diese Kontaktnahme mit meinem höheren Selbst erlebe ich immer als sehr beglückend und erhellend. Insgesamt aber unternehme ich deutlich weniger und tiefer dosierte Substanzenreisen, eben weil ich mittlerweile auch ohne diese Hilfsmittel in meine inneren Räume blicken kann. Auch vertrage ich MDMA nicht mehr so gut wie vor 20 Jahren. Es laugt meinen Körper aus.

Eine Ausnahme muss ich aber erwähnen. Vor zwei Jahren nahm ich zum ersten Mal Ayahuasca zu mir. Ich hatte lange Zeit wohlweislich die Finger von dieser «Liane des Todes» gelassen, wie es von der indigenen Bevölkerung des Amazonasbeckens genannt wird. Zu unangenehm waren mir die körperlichen Nebenwirkungen heftigen Erbrechens und Durchfalls geschildert worden. «Madre Ayahuasca» war dann gnädig mit mir und hat mich mit einer leichten Übelkeit davonkommen lassen. Meinen Kopf hat sie aber aufgebrochen wie zuvor noch keine andere psychoaktive Substanz. Eine eindeutig nicht-menschliche Entität nahm Besitz von mir und führte mir vor Augen, wie kleinkariert ich tatsächlich bin, wie ängstlich darauf bedacht, es anderen stets recht zu machen. Ich wehrte mich mit aller Kraft gegen diese unangenehmen Einsichten, doch je mehr ich Widerstand leistete, desto schlimmer hat der Geist der Pflanze mich herumgeschleudert. Erst als ich mich ergab, zeigte mir Ayahuasca seine heilende Kraft. Noch drei Wochen nach dem Trip fühlte ich mich so fit wie nie in den letzten Jahren. Es war, als wäre ich in einen Jungbrunnen gefallen. Meine zweite Reise vor einem Jahr verlief ganz ähnlich: In einer ersten Etappe erlebte ich eine (anstrengende) innere Klärung, um dann in der zweiten Reisenacht die Heilkraft dieser Substanz erfahren zu dürfen. Und ich habe sie nicht nur passiv empfangen dürfen, sondern konnte mit ihr bewusst arbeiten. Du musst dir das so vorstellen, dass eine ungeheure physische Kraft dich durchströmt und du sie an die Orte in deinem Körper und Geist hinlenken kannst, wo Heilung erforderlich ist – oder auch nur, um nachzuschauen, ob da alles in Ordnung ist. Auf dieser Reise wurde mir einmal mehr klar, dass ich mir selber der beste Arzt bin.

Ich frage mich oft, was den Ausschlag gegeben hat, dass ich mich vor bald 20 Jahren auf den Weg des Psychonauten machte. Ich glaube, es hängt stark mit meiner Lebensgeschichte zusammen. Ich bin bei meiner Geburt fast gestorben und früh mit dem Tod meines Vaters konfrontiert worden; das waren sozusagen meine ersten «Grenzerfahrungen». Etwas in mir wollte, so scheint es, diese Erlebnisse wiederholen, ohne gleich sterben zu müssen. Auf Substanzenreisen verlierst du die Kontrolle über dein Ego, du erleidest bis zu einem gewissen Grad den Tod deines Egos. Etwas in dir muss sterben, damit du leben kannst. Es ist das Gesetz des viel zitierten «Stirb und werde». Nach zwei Jahrzehnten Erfahrung mit bewusstseinserweiternden Substanzen bin ich der festen Überzeugung, dass die Räume, welche man unter LSD oder MDMA betritt, sich nur graduell von jenen unterscheiden, welche sich dir beim Sterben offenbaren. Du kehrst zurück in einen multidimensionalen Raum. So betrachtet eignen sich Psychedelika und Empathogene gut, um den Sterbeprozess angstfreier zu gestalten. Ich würde ein solches Hilfsmittel für mich allerdings nur in Erwägung ziehen, wenn ich beim Sterben Schmerzen hätte.

Wenn du mich fragst, was das Wertvollste ist, was mir die Substanzen gegeben haben, würde ich dir antworten: Sie haben mir geholfen, mein kindliches Staunen zu bewahren. Ich weiß, das tönt von einem 67-jährigen Mann etwas seltsam. Aber Albert Hofmann hat in einem seiner Bücher etwas ganz Ähnliches über seine Erfahrung mit LSD geschrieben. Die Substanzen haben mich erkennen lassen, dass man die Welt immer wieder neu sehen kann mit einem unschuldigen, kindlichen Blick. Ohne immer alles gleich kategorisieren, benennen und bewerten zu müssen. Ja, das ist ein bleibendes Geschenk.

Biografische Angaben
Herbert K. ist 1952 in Bern geboren. Nach dem Tod seines Vaters zog seine Mutter mit ihm nach Basel, wo er aufwuchs und die Schulen besuchte. Nach dem Studium der Philosophie arbeitete er als Lektor bei Schweizer Buchverlagen und als Deutschlehrer an einer Zürcher Mittelschule. Herbert K. lebt mit seiner langjährigen Partnerin in einer mittelgrossen Schweizer Stadt. Seit über 20 Jahren ist Herbert K. Mitglied einer Gesprächs-Männergruppe. Einmal in der Woche assistiert Herbert K. in einem Malatelier für Kinder.

Im Zen finde ich mehr Essenz

GESPRÄCH MIT BERNHARD S. (61)

Zum ersten Mal psychedelische Substanzen ausprobiert habe ich 1986, mit 29 Jahren; ich hatte schon eine Familie und besuchte mit meiner Frau eine psycholytisch geführte Gruppenpsychotherapie. An einem Wochenende in der Toscana nahmen wir, begleitet von einem Arzt, in der Gruppe LSD. In jungen Jahren hatte ich ziemlich viel gekifft, das taten damals in unseren Kreisen alle. Ich wohnte Ende der 1970er Jahre in einer WG in Baden; wir philosophierten und lasen Castaneda, Wilhelm Reich und andere damalige Kultautoren, alles aber recht kopflastig. Auf meinem ersten LSD-Trip wurde ich unsanft in ein «Gummi-Universum» mit Visionen und außerkörperlichen Wahrnehmungen geschleudert. Ich erlebte mich in verschiedenen Reinkarnationen, konnte mit diesen Erfahrungen aber nicht viel anfangen. Sie gaben eher meiner Kopflastigkeit Nahrung. Rückblickend war für mich das Erleben von Gemeinschaft viel wesentlicher; die Möglichkeit, mich auf einer tiefen Ebene mit anderen verbunden zu fühlen. Wir trafen uns in den vier Jahren, in denen ich meine Psychotherapie machte, wöchentlich als Gesprächsgruppe und nahmen zwei- bis dreimal im Jahr an Wochenenden LSD, MDMA,

Meskalin und psychoaktive Pilze. Einmal im Jahr gab es eine Intensivwoche, während deren die Erfahrungen mit Substanzen in Gruppenprozessen nochmals verstärkt wurden.

Ich habe psychedelische und empathogene Substanzen immer nur in einem geleiteten und geschützten psycholytischen Setting konsumiert. Bis vor kurzem zweimal jährlich immer in der gleichen Gruppe. Seit dem vergangenen Jahr pausiere ich, weil ich gesundheitliche Probleme habe. Wenn ich ehrlich bin, nahm ich aber in den letzten sechs Jahren nur noch an den Substanzenreisen teil, weil sie mir ermöglichten, mit guten Freunden zusammen zu sein. Die Erfahrungen sind immer schön und intensiv – aber nachhaltig, wie man so schön sagt, scheinen sie mir nicht mehr zu sein. In all den Jahren stellte sich mir immer wieder die Frage, wie sinnvoll und effektiv Psychedelika für meinen Alltag wirklich sind. Ich suche immer noch nach Antworten. Es ist wahr, die Substanzen zeigen dir das Nonduale, Allumfassende, eine tiefere Ebene des Seins. Aber was tust du damit? Ich bin lange der Illusion aufgesessen, dass man mit LSD diesen viel zitierten Weg zu sich selbst abkürzen könne. Damit habe ich vielfach lediglich mein spirituelles Ego gefüttert. Mit der Zeit habe ich gemerkt, dass ich einfach ein- bis zweimal im Jahr ein starkes All-Eins-Erlebnis in der Gruppe konsumiere und danach im Alltag eher hilflos bin, was die Integration des Erlebten betrifft. Ich kehre in meinen Alltag zurück und mache mehr oder weniger weiter wie bisher. Dabei bleibt da diese Sehnsucht nach dem Gemeinschaftsgefühl, diesem Flow in der Gruppe. Dies im Alltag leben zu können, war immer der Wunsch meiner Frau und von mir – mit Menschen zusammen zu leben und zu arbeiten. Wir kennen das Leben in Einsamkeit und Zweisamkeit, aber Gemeinsamkeit zu leben scheint in der heutigen Zeit sehr schwierig zu sein. Und der Wunsch nach Gemeinschaft wird im Alter stärker. Irgendwann ist mir klar geworden, dass für mich der Weg ohne Substanzen weitergeht.

So kam ich vor zehn Jahren zum Zen. Zuerst lernte ich während eines Jahres monatlich an einem Wochenende bei einem Zen-Lehrer. Mittlerweile meditiere ich für mich zu Hause oder in einem Kloster. Sitzen und still werden – das ist alles, was es braucht. Den nachhaltigen, bewussten Zugang zu Selbsterkenntnis und Mitgefühl habe ich im Zen gefunden, nicht durch Substanzen. Zen hilft mir, ganz da zu sein, vollständig nüchtern zu werden. Begeisterung ist ein Hyperzustand, Depression ebenso. Den Mittleren Weg, das richtige Maß zu finden, das lehrt mich Zen. In der Meditation kann ich meinen Schattenseiten nicht ausweichen – es kommt genau das, was ansteht. Eine derartige Integration war mir mit den Substanzen nicht möglich.

Dass ich mit Zen auf einem guten Weg bin, merke ich auch im Umgang mit meiner acht Monate alten Enkeltochter. Wie wach und lebendig und neugierig aufs Leben sie ist – das zu sehen ist überwältigend! Die Erfahrungen mit ihr sind lebensnaher als jeder Trip, den ich hatte. Gleichwohl möchte ich meine Substanzenerfahrungen nicht missen. Sie gehören zu mir. Ich weiß nicht, ob ich noch mit meiner Partnerin zusammen wäre, hätten wir nicht mit den Substanzen so intensive gemeinsame Erfahrungen gemacht. Wir hätten wohl nie derart bewusst unsere Beziehung reflektieren und lebendig halten können. Meine Erfahrungen mit Substanzen haben mir auch geholfen, als vor ein paar Jahren meine Eltern gestorben sind. Ich konnte, weitgehend unbelastet von alten Familiendramen und Konditionierungen, das tun, was nötig war: sie auf ihrem letzten Lebensabschnitt unterstützen und ihnen unvoreingenommen helfen.

Biografische Angaben

Bernhard S. ist mit seinen drei Geschwistern im Aargau aufgewachsen. Er arbeitet und lebt seit 35 Jahren als selbständiger Software-Ingenieur in der Nähe von Solothurn. Bernhard S. hat eine Lehre als Industriekaufmann gemacht und entdeckte früh sein Faible für Informatik – damals noch auf IBM-Großrechnern mit Lochkarten. Nach ein paar «wilden Jahren» (80er-Bewegung) mit Drogen, Reisen und Temporärarbeit wurde er mit 25 Jahren Vater. Eine Ausbildung zum Software-Entwickler machte ihn «zu einem nützlichen Mitglied der Gesellschaft, das einen anständigen Lohn heimbringt». Bernhard S. ist seit 36 Jahren glücklich verheiratet und Vater von drei erwachsenen Kindern. Seine Frau ist Buchhändlerin und wurde, als die Kinder älter wurden, auf dem zweiten Bildungsweg eine passionierte Lehrerin. Vor einem Jahr ist Bernhard S. Großvater geworden. Als solcher verbringt er viel Zeit mit seiner Enkeltochter. Seit seiner Jugend macht Bernhard S. Musik. Er spielt Klavier, Gitarre und diverse Blasinstrumente. Zurzeit liefert er live den Sound (Geräusche und Musik) für ein Maskentheater. Sein Verhältnis zu Musik und Beruf schildert Bernhard S. so: «Peter Bichsel sagte einmal, dass er Schriftsteller geworden sei, weil es bei ihm zum Fußballstar nicht reichte. Bei mir ist es so, dass ich zum Computermann wurde, weil es zum Profimusiker nicht reichte.»

Was passiert mit mir, wenn ich sterbe?

GESPRÄCH MIT LARA T. (57)

Die Wurzeln meiner Neugier für das menschliche Bewusstsein liegen wohl in meiner Jugend. Schon als Kind habe ich mich gefragt, woher ich komme und was mit mir passiert, wenn ich nicht mehr bin. Letztere Frage hat mich sehr geängstigt, und sie blieb ein Lebensthema, das mich lange umtrieb. Ich weiß noch, wie ich mit 14 Jahren eines Nachts voller Panik ob dieser Frage erwachte. Ich war damals sehr gläubig und verkehrte in einer evangelikalen Gruppierung. Die Antworten der religiösen Leiter auf meine Frage befriedigten mich aber nicht. Ebenso wenig wie ihre harschen Reaktionen auf mein Bekenntnis, ich würde mich zu Frauen hingezogen fühlen. Das warf in mir die Frage auf, ob es Gefühle gibt, die von Gott verurteilt werden und ergo falsch sind. Aus dieser Zeit stammt mein starker Drang herauszufinden, wie meine Gefühle aussehen, was menschliche Beziehungen und Verirrungen ausmacht und wie das menschliche Bewusstsein überhaupt beschaffen ist.

Ich wusste schon früh, dass ich in der Psychiatrie arbeiten wollte. Aber als es um die Berufswahl ging, sagte meine Mutter zu mir: «Werde zuerst Krankenschwester, dann weißt du, was du hast.» Eine weitere Ausbildung zur Pflegefachfrau Psychiatrie habe ich später angehängt. In der Klinik, in der ich arbeitete, wurde ich laufend mit den Themen konfrontiert, die mich selber beschäftigten. Der Gedanke, eine Psychotherapie zu machen, war irgendwann naheliegend. In der analytischen Gesprächstherapie, die ich dann begann, merkte ich bald, dass es einfach für mich war zu schummeln. Ich erzählte dem Therapeuten irgendetwas, nur nicht das, was mich wirklich beschäftigte. Zuallerletzt hätte ich ihm anvertraut, dass ich mich vor der Auslöschung und dem Nichts fürchtete. Der Gedanke, nicht mehr zu sein, erschreckte mich auch als Erwachsene nach wie vor zutiefst.

Ende 20 hörte ich den Vortrag eines Arztes und Psychotherapeuten über Psycholytische Therapie. Da war mir mit einem Schlag klar, dass dies der Weg war, um an meine tiefsten Gefühle und Ängste heranzukommen. Ich brach meine analytische Therapie ab und besuchte fortan eine ärztlich delegierte Einzelgesprächs- und Gruppenpsychotherapie, in deren Verlauf wir dann auch mit Substanzen arbeiteten. Ganz legal übrigens, das waren die Jahre zwischen 1988 und 1993, als etliche Psychotherapeuten mit Bewilligung des BAG Drogentherapien durchführen durften. Meine Therapeuten setzten MDMA und LSD ein, einzeln oder kombiniert. In der ersten LSD-Sitzung war ich absolut überfordert von den starken Bildern und Gefühlen, die auf mich einstürzten. Zum psycholytischen Setting gehörte, dass wir die Substanzenerfahrungen protokollieren mussten und sie später im Einzelgespräch intensiv bearbeiteten. Ich hatte nach Sitzungen gelegentlich Flashbacks und war froh, dass ich meinen Therapeuten anrufen konnte. So intensiv die Therapie auch war, erhielten wir doch nicht mehr als dreimal im Jahr Substanzen verabreicht. Meine Therapie dauerte fast vier Jahre.

Auch nach Abschluss der Therapie blieb ich, was die Häufigkeit der Substanzenreisen angeht, zurückhaltend. Und mit zwei Ausnahmen war ich immer in einer geleiteten Gruppe unterwegs. Auf meine große Frage, was mit mir passiert, wenn ich sterbe, hatte ich aber auf diesen Reisen noch immer keine Antwort erhalten. Stattdessen meldete sich in mir zunehmend der Wunsch, Substanzenerfahrungen in einem nichttherapeutischen Setting zu machen. Mit K. und S. lernte ich zwei psycholytisch geschulte Personen kennen, die das auch wollten. So entwickelte sich die Idee, Substanzenreisen mit mehr Selbstverantwortung der Teilnehmenden zu machen. Schon auf der ersten Reise in einer kleinen Gruppe fiel bei mir jener Druck weg, der im stark strukturierten psycholytischen Setting auf mir gelastet hatte. Ich konnte besser bei mir bleiben und erlebte mich den anderen gegenüber offener und authentischer.

In den vergangenen zwei Jahren lernte ich schließlich mit LSD und MDMA jenen Raum kennen, wo nichts mehr ist außer Stille und Leere. Auch keine Angst vor der Auslöschung und dem «Nicht-mehr-Sein». Ich wollte mit meinem sturen Schädel mein Leben lang alles kontrollieren. Kein Wunder, dass ich derart Angst vor dem Sterben, diesem finalen «Kontrollverlust» hatte. Ich hätte es aus meiner Meditationserfahrung schon lange wissen können: Die angemessene Art, mit Angst umzugehen, ist, auf sie nicht zu reagieren, dieser Energie keinen Namen zu geben, sie nur zu beobachten.

In den letzten Sitzungen konnte ich diesen Zustand zulassen und akzeptieren. Auch im Alltag denke ich immer wieder einmal: «Jetzt könntest du gehen». In solchen Momenten bin ich mit meinem innersten Kern verbunden beziehungsweise mit etwas, das größer ist als ich. Diese Erfahrungen helfen mir im Umgang mit meiner Mutter, die im Altersheim lebt und versucht mit dem Verlust der Orientierung in ihrem Leben fertigzuwerden. Ich überlege mir, wie es für sie ist, nicht mehr klar denken zu können. Wie muss sich das für meine Mutter anfühlen, dass nichts mehr eine Ordnung hat, nichts mehr geht? Sie sitzt vor ihrer Zahnbürste und weiß nicht, was sie damit tun soll. In diesen Momenten denke ich: «Zum Glück habe ich Substanzenreisen gemacht und weiß, dass es neben dem Denken und dem Verstand noch etwas anderes gibt.»

Ob mir meine Erfahrungen mit bewusstseinserweiternden Substanzen im Umgang mit den Klienten und Klientinnen in meiner Naturheilpraxis helfen, kann ich schlecht von anderen Einflüssen trennen. Ich habe ja viel gelesen, mich über Jahre mit der Naturmedizin, mit Heilen, der Psychiatrie und mit spirituellen Fragen befasst. Im Pflegeunterricht an der Berufsschule ist es anders, da kommt mir meine Selbsterfahrung von den Reisen klar zugute, wenn es um das Thema Bewusstseinsveränderungen bei Patienten geht. Selbsterfahrung wird ja im Lehrplan und auch bei den Praxiseinsätzen im Studium für Pflegefachpersonen, die im psychiatrischen Kontext arbeiten, nicht mehr gefragt und ermöglicht. Existenzielle Fragen, die sich jede und jeder Studierende stellen müsste, werden nicht gestellt. Etwa: «Was macht das Leiden des Patienten mit mir? Habe ich auch schon Bewusstseinstrübungen (oder -erweiterungen) gehabt? Wie kann ich mich besser in die Patienten hineinversetzen?» Diese Fragen kommen meiner Meinung nach heute zu kurz. Dabei wäre das Interesse der Studierenden oft vorhanden. Manche haben schon von substanzengestützten Therapien bei posttraumatischen Patienten gehört. Sie wissen, dass es Studien dazu gibt. Ich ermuntere sie, sich auf den entsprechenden Websites genauer zu informieren. Wenn sie mich fragen, ob ich eigene Substanzenerfahrungen habe, dann bejahe ich dies situationsangepasst und zurückhaltend. Oft höre ich auch Fragen zu Patienten, die CBD-Cannabis-Präparate nehmen. Wenn wir über veränderte Bewusstseinszustände sprechen oder das Thema Demenz bearbeiten, mache ich mit meinen Schülern ab und zu Meditationsübungen, unterstützt durch ausgewählte Musik. Sie sollen sich vorstellen, wie es ist, wenn man sich zum Beispiel nicht mehr orientieren kann. Durch eine anschließende Zeichnung und im Gespräch mit der Gruppe will ich den Studierenden ermöglichen, sich über ihre körperlichen und seelischen Reaktionen während dieser Erfahrung auszutauschen. Meine Kenntnisse helfen mir auch, wenn Studierende mit eigenen Problemen zu mir kommen. Ich frage sie dann zum Beispiel: «Wie kannst du, ohne dass du dein Problem verdrängen musst, mit den Patienten arbeiten?» In solchen Situationen bringe ich Erfahrungen aus meiner Therapie ein, ohne dass ich das explizit sagen muss. Manchmal empfehle ich Studierenden, eine Therapie zu machen. Vielleicht findet dann jemand auch den Weg zu Therapeuten, die in der Psycholyse erfahren sind.

Ich reise heute mit niedrigeren Dosierungen und weniger oft. Früher lautete meine Devise eher, «es darf es bitzeli meh sii». Unterdessen bin ich vorsichtiger geworden, ich möchte nicht auf einer Substanzenreise eine körperliche Krise wie zum Beispiel eine Hyperthermie erleiden. Psychisch abhängig bin ich nie gewesen; zum Teil legte ich zwischen den Trips Pausen ein von mehreren Jahren. Die früheren hohen Dosierungen brauche ich nicht mehr. Ich denke, mein Körper weiß mittlerweile, wie er auch ohne Hochdosierungen in erweiterte Bewusstseinszustände gelangt. Gerne reise ich auch in einer Gruppe mit, ohne selber Substanzen zu nehmen. Zusammen mit Magnesium vertrage ich MDMA-Reisen nach wie vor gut, am Tag danach fühle ich mich allerdings meistens ziemlich zerschlagen. Ich bevorzuge deshalb LSD, das hat keine Nebenwirkungen. Was sich im Laufe der Jahre auch verändert hat, ist, dass ich unter der Wirkung von MDMA nicht mehr gross das Bedürfnis verspüre, auf andere zuzugehen. Wenn es sich ergibt, ist es O.K. Früher gehörten das Kuscheln, Umarmen und Herzen in einer bestimmten Phase des Trips einfach dazu. Heute fühle ich mich geborgen in mir selber. Gut, vielleicht müsste ich da mal noch genauer hinschauen: «Du hast ja auch im Alltag keine feste Partnerschaft, möglicherweise vermeidest du Nähe, lebst etwas nicht.» Doch mein Leben ist erfüllt und ich vermisse heute nichts. Ich glaube, Dinge, die für mich wichtig sind, melden sich bei mir. Dass ich als Jugendliche in eine evangelikale Gruppe eintrat, hatte auch mit meiner spirituellen Neugier zu tun. Mit den Substanzen ist Spiritualität für mich erfahrbar geworden; mein Herz weiß jetzt, dass es mehr gibt zwischen Himmel und Erde, als der Verstand sich vorstellen kann. Auf meiner letzten Substanzenreise in den Bergen schaute ich auf das Panorama all der Viertausender und meine Ahnen zogen an mir vorüber, die ganze Welt in ihrem Entstehen und Vergehen, der ewige Kreislauf des Lebens. Ich saß da und wusste, «genau so ist es, das ist zutiefst wahr. Auch ich kehre in anderer Form wieder und wieder. Das Rad dreht sich, und ich bin Teil davon». Solche Erkenntnisse lassen sich nur schwer an Menschen vermitteln, die diese Erfahrungen nicht kennen.

Ich kann mir vorstellen, bei unerträglichen Schmerzen LSD oder MDMA zu nehmen. Wenn du Schmerzen hast, nimmst du ja auch Schmerzmittel. Weshalb nicht etwas, das besser ist als Morphium mit seinen unangenehmen Nebenwirkungen? Auch mit Hilfe von Substanzen den Übergang zu vollziehen ist für mich denkbar. Wahrscheinlich dann, wenn ich das Gefühl hätte, das Leben ist nicht mehr aushaltbar und ich profitiere nicht mehr davon für meine Weiterentwicklung. Da ich meine Trips stets sehr bewusst erlebe, hoffe ich, dass ich dereinst bei klarem Bewusstsein sterben kann. Natürlich weiß ich nicht, wie es dann sein wird. Ich wünsche mir, diesen Moment ruhig angehen zu können und wie im bisherigen Leben auch das Sterben Atemzug um Atemzug – bis zum letzten – erfahren zu können. Ich gehe davon aus, dass die Dimensionen, die mir die Substanzen erschlossen haben, sich nicht fundamental unterscheiden von jenen, die ich beim Sterben betreten werde. Die Angst kann selbstverständlich in diesem Moment wieder aufkommen. Aber es beruhigt mich, von einem Mittel zu wissen, das so viel Gutes getan hat für mich. Ich bin sehr dankbar dafür, dass ich mit Hilfe von Substanzen diese Räume entdecken durfte. Ich empfinde sie als lebenslange, hilfreiche Begleiter. Mein Leben hat durch sie an Tiefe und Verbundenheit gewonnen.

Biografische Angaben
Lara T. ist 1961 geboren und wuchs zusammen mit ihrer Schwester im Kanton Bern auf. Nach der obligatorischen Schulzeit lernte sie zuerst Pflegefachfrau, erst in der Somatik und nach einigen Berufsjahren auch in der Psychiatrie. 2007 ließ sie sich zur Naturärztin ausbilden, und heute führt sie in der Ostschweiz eine eigene Praxis. Sie unterrichtet zudem an einer Berufsschule im psychiatrischen Kontext angehende Pflegefachleute. Lara T. lebt mit Freunden zusammen in einer Hausgemeinschaft. Sie meditiert regelmäßig, bewegt sich häufig in der Natur, wo sie immer neue Heilpflanzen für ihre Praxis findet. Um sich auf ihren Lapplandreisen verständigen zu können, lernt sie zurzeit Finnisch.

MDMA wird seinen Platz im pharmakologischen Repertoire finden

INTERVIEW MIT DR. MED. PETER OEHEN

Sie behandeln als Psychotherapeut und Arzt legal Patienten und Patientinnen mit MDMA und LSD. Wie muss ich mir das vorstellen?

Seit vier Jahren habe ich zusammen mit meinem Kollegen Peter Gasser Ausnahmebewilligungen vom Bundesamt für Gesundheit (BAG), um Patienten und Patientinnen mit MDMA und LSD zu behandeln. Die Ausnahmebewilligungen beziehen sich auf psychisch schwer kranke Patienten, die sonst therapieresistent sind. Die Behandlung erfolgt aus praktischen und therapeutischen Überlegungen in einem Gruppensetting. Diese Behandlungen dürfen nicht der Forschung dienen, deshalb werten wir die Sitzungen lediglich mittels Fragebogen aus. Die Patienten geben Auskunft, welche Erfahrungen sie im veränderten Bewusstseinszustand gemacht haben, der durch MDMA oder LSD hervorgerufen wird. Meist setzen wir zuerst MDMA ein, weil die Wirkungen einfacher zu kontrollieren sind. Zudem wirkt MDMA bei Menschen mit Angststörungen angstlösend und ist weniger konfrontativ als LSD. Weil MDMA sehr vertrauensbildend ist, können sich Patienten ihren traumatischen Erinnerungen eher stellen und diese auch ihrem Therapeuten anvertrauen. Innerhalb der psychotherapeutischen Behandlung wird den Patienten bei uns etwa alle drei Monate MDMA oder LSD individuell dosiert abgegeben. Unser Erfahrungsgewinn durch diese Ausnahmebewilligung liegt darin, dass wir herausfinden können, ob psycholytische Gruppentherapie funktioniert und worauf man bei der Sitzungsgestaltung, der Dosierung oder der Nachbetreuung achten muss.

Welche Erfahrungen haben Sie in den vier Jahren seit Beginn der Ausnahmebewilligung durch das BAG in der Behandlung von Patienten gemacht?
Zu uns kommen Menschen, die in der Regel schon viele verschiedene Therapien ausprobiert haben und dennoch nicht zum Kern ihrer traumatischen Erfahrungen und Probleme vorgedrungen sind. Auch in der Therapie mit MDMA stößt man mit diesen Patienten und Patientinnen manchmal an eine Grenze. Erst das konfrontativere LSD führt dazu, dass der Patient sich weiter öffnen kann und der therapeutische Prozess weitergeht. Das gilt gerade dann, wenn die Traumatisierungen sehr tiefgreifend und komplex sind. Wir behandeln ja Menschen, die in ihrer frühen Kindheit oder Jugend schwerste Traumata erlebt haben und bei denen die Persönlichkeitsentwicklung beeinträchtigt wurde. Durch den Einsatz von LSD kommt es bei den Patienten vielfach zu einer Symptomverminderung bzw. Verbesserung der Lebensqualität.

Wir haben jetzt immerhin einen Beobachtungszeitraum von vier Jahren. In den USA ist man mit der Erforschung der Therapietauglichkeit von MDMA schon weiter. Zurzeit läuft dort eine große Studie mit circa 400 Probanden. Die Studie wird von der Multidisciplinary Association for Psychedelic Studies (MAPS) durchgeführt und finanziert. Die bisherigen Resultate machen Hoffnung. Das zeigt sich auch daran, dass diese große Studie von der Food and Drug Administration FDA «auf die Skilehrerspur» genommen worden ist. Das heißt, diese Studie wird von der FDA speziell betreut, was die Zulassung möglicherweise beschleunigt.

Ich gehe davon aus, dass MDMA zwischen 2020 und 2025 als Medikament zugelassen werden wird. Zuerst in den USA, dann auch in Europa. Ein Hauptgrund für das steigende Interesse an Psychedelika ist, dass wirksame neue Medikamente zur Behandlung von schweren psychischen Erkrankungen fehlen. Für die Behandlung von Posttraumatischen Belastungsstörungen (PTBS) gibt es heute gerade einmal zwei zugelassene Medikamente, die Antidepressiva Paroxetin und Sertralin. Mit diesen kann man die Übererregung etwas dämpfen und die Stimmung heben, das Trauma lässt sich aber damit nicht auflösen. Ich bin mir deshalb sicher, dass MDMA seinen Platz im pharmakologischen Repertoire finden wird. Ist es einmal als Medikament registriert, werden die

Mainstream-Psychologie und -Psychiatrie auf den Zug aufspringen. Es werden dann wohl Studien durchgeführt werden, um herauszufinden, bei welchen Krankheiten außer Posttraumatischen Belastungsstörungen und Angststörungen MDMA sonst noch eingesetzt werden kann.

An welche Krankheitsbilder denken Sie hier?
MDMA wäre möglicherweise nützlich bei der Behandlung von autistischen Menschen, die starke soziale Ängste haben. Es gibt Ansätze, MDMA bei Sterbenden einzusetzen, um die Todesangst zu lindern. Und wir stehen heute beim Einsatz von Psilocybin auch vor einem Paradigmenwechsel bei der Heilung von Depressionen. Anstatt täglich medikamentös in die Hirnchemie einzugreifen mit all den negativen Nebenwirkungen, verhilft man dem Gehirn sporadisch zu einem «heilsamen Schlüsselerlebnis». Mein Kollege Matthias Liechti von der Universität Basel hat dazu das Bild geprägt vom Betriebsausflug, bei dem alle Abteilungen eines Unternehmens zusammenkommen und für einmal alle miteinander kommunizieren. Analog treten bei der Einnahme von MDMA oder LSD verschiedene Areale im Gehirn miteinander in Kontakt, die sonst nicht oder nicht mehr richtig miteinander interagieren. Dies ermöglicht eine Neuausrichtung, ein «Reset», das therapeutisch genutzt werden kann.

Sie selber äußerten verschiedentlich, dass die meisten Menschen, die MDMA einnehmen, früher oder später spirituelle Erfahrungen machen.
Das kommt relativ oft vor. Mit MDMA ist es ein Gefühl tiefer Verbundenheit mit allen und allem, eine Begegnung mit der Liebe, vielfach auch ein Gefühl des Einsseins mit der Welt. Man ist vorbehaltlos im Frieden mit dem, was ist. Es sei denn, die traumatischen Erfahrungen sind wirklich übergroß – dann müssen zuerst diese betrachtet und bearbeitet werden. Aber fast alle, die mehrmals MDMA nehmen, machen irgendwann solche spirituellen Erfahrungen.

Wie lassen sich solche Erfahrungen in den Alltag transferieren und integrieren?
Vor allem anderen hat die Behandlung mit Empathogenen wie dem MDMA positive Auswirkungen auf die Beziehung zwischen Therapeut und Patient. Es kommt zu mehr Nähe und Offenheit zwischen ihnen. Patienten, die Kinder haben, gehen vielleicht nach Hause und stellen fest, dass die Kinder am Wochenende danach viel friedlicher sind als sonst und dass sie selber einen besseren Zugang zu ihnen haben. Insofern findet sofort ein Transfer dieser Erfahrungen statt, ohne dass man diese spirituell nennen müsste. Beim LSD sind die Erfahrungen oft noch eindrücklicher durch die mystischen Entgrenzungserfahrungen des All-Eins-Seins. Das sind dramatische Erfahrungen, welche die meis-

ten Menschen nachhaltig verändern. 2002 führte Roland R. Griffith von der John Hopkins Universität (USA) eine Studie durch, bei der erwachsenen, gesunden Probanden hochdosiertes Psilocybin verabreicht wurde. Im Forschungsinteresse standen mystische Erfahrungen der Teilnehmenden. 14 Monate nachdem diese das psychedelisch wirksame Psilocybin zu sich genommen hatten, mussten sie in einer Folgestudie die Auswirkungen dieser Erfahrungen auf ihr Leben bewerten. Zwei Drittel der Probanden bezeichneten ihren psychedelischen Trip als eine der fünf wichtigsten spirituellen Erfahrungen in ihrem Leben. Sie nahmen sich im Nachhinein ruhiger, freundlicher und glücklicher wahr als vor dem Erlebnis. Diese Selbsteinschätzung wurde auch von ihrem familiären Umfeld und Freundeskreis geteilt. Ich selber höre dies immer wieder von Menschen, die Substanzenerfahrungen gemacht haben. Unabhängig davon, ob dies in einem psycholytischen oder anderen Setting passiert.

Die Teilnehmenden an der Psilocybin-Studie von Roland R. Griffith waren im Durchschnitt 46 Jahre alt. Muss man in der zweiten Lebenshälfte sein, um psychedelische Erfahrungen in den Alltag integrieren zu können?

Das glaube ich nicht. Jeder ist ein Anfänger, der zum ersten Mal eine Erfahrung mit psychedelischen oder empathogenen Substanzen macht. Unabhängig von der Lebenserfahrung. Es gibt gestandene

Psychotherapeuten, die viel an sich gearbeitet haben, aber mit konventionellen Therapien nie einen Durchbruch erlebt haben. Das gilt übrigens auch für langjährige Meditierende. Jüngeren Patienten hingegen, die eine Psycholytische Therapie anfangen, gelingt der Durchbruch vielleicht schon bei der ersten MDMA-Erfahrung. Die Lebensthemen sind verschieden. Bei jungen Menschen geht es um Identität und Identitätsbildung; sie wollen herausfinden, was sie möchten und können. Das ist etwas anderes, als wenn man mit 60 auf sein Leben zurückschaut. Spirituelle Öffnungen sind hier wie dort möglich.

Gibt es aus ärztlicher Sicht Einwände gegen den langjährigen Gebrauch dieser Substanzen? Durch den abrupten Stopp jeglicher wissenschaftlicher Forschung Ende der 1960er Jahre fehlen Daten über Langzeitwirkungen.

Was man sicher sagen kann: In indigenen Kulturen, wo die Menschen psychoaktive Heilpflanzen von Kindesbeinen an nehmen, sind keine pharmakologischen Schädigungen zu beobachten. Dort ist der Gebrauch dieser Substanzen aber seit Jahrtausenden eingebunden in ein schamanistisch-kosmologisches Glaubenssystem, in festgefügte Rituale. Der Schamane verabreicht diese Substanzen für Heilungszwecke oder um von den Ahnen zu erfahren, wie sich das Wohl der ganzen Gemeinschaft fördern lässt. Insofern stellen Psychedelika in indigenen Kulturen ein wichtiges Medium dar.

Aber Sie haben recht: Um herauszufinden, welche Langzeitwirkungen diese Substanzen in unseren modernen Gesellschaften haben, müsste man eine Langzeitstudie anregen, bei der man prospektiv Menschen über einen langen Zeitraum begleitet, wie das in anderen Bereichen ja auch passiert. Das ist machbar. Was eventuelle negative Auswirkungen angeht, muss man beim MDMA einschränkend sagen, dass man noch nicht genau weiß, ob sich ein exzessiver Konsum negativ auf das Gehirn respektive Gedächtnis auswirken kann. Unter klinisch-therapeutischen Bedingungen, wie sie bei uns bestehen, sind hingegen keine Langzeitschäden zu erwarten.

Diese gesundheitlichen Risiken beim MDMA gelten nicht für Halluzinogene wie LSD oder Psilocybin. LSD ist praktisch untoxisch, körperliche Gewöhnung beziehungsweise Sucht treten nicht auf. Auch die psychische Gewöhnung ist gering. LSD verliert seine Wirksamkeit schnell. Wenn man es zu häufig hintereinander nimmt, dominieren nur noch die Nebenwirkungen. Eine weitere seltene Komplikation beim LSD sind fortdauernde Wahrnehmungsstörungen. Bei unvorsichtigem oder unsachgemäßen Gebrauch kann es zu psychisch traumatisierenden Erlebnissen («bad trips») kommen.

Was wären aus Ihrer Sicht die Voraussetzungen, dass jemand während längerer Zeit auch in einem nicht-therapeutischen Setting Psychedelika und Empathogene gefahrlos zu sich nehmen kann?

Das größte Problem liegt in der Illegalität dieser Substanzen. Man weiß nie genau, was man in welcher Dosierung zu sich nimmt. Außer man hat die Gelegenheit, die Substanz testen zu lassen. Das ist aber außer an Großanlässen wie der Street Parade nicht immer möglich. Erst wenn man aber weiß, mit was für einer Substanz man es zu tun hat, kann man diese richtig dosieren. Wahrscheinlich nehmen in der Schweiz mehrere zehntausend Personen regelmäßig ungetestete Psychedelika oder Empathogene zu sich. Das allein wäre ein gewichtiges Argument für eine Legalisierung. Ein weiteres Problem bei Therapien oder Heilzeremonien, welche im Untergrund stattfinden, besteht darin, dass die Qualifikation der Therapeuten und Gruppenleiter unbekannt ist. Es gibt selbst ernannte Neo-Schamanen, die einige Male tiefe Erfahrungen mit Substanzen machten und dann beschließen eine Gruppe zu leiten. Wenn man in Betracht zieht, wie lange die Ausbildung eines traditionellen Schamanen in einer indigenen Kultur dauert oder bei uns die ärztliche und psychotherapeutische Ausbildung, dann darf man im Hinblick auf solche Schnellbleichen ein Fragezeichen setzen. Außerhalb eines regulären therapeutischen Settings kann es Ihnen als Teilnehmer oder Teilnehmerin passieren, dass Sie nicht durchgetragen werden, wenn Sie während oder nach der Substanzenerfahrung Hilfe benötigen. Auch ein erfahrener Psychonaut kann kurzzeitig in eine psychische Krise geraten und da braucht es Menschen, die sich auskennen und einen auffangen können. Wenn man in einem nicht-therapeutischen Setting unterwegs ist, sollte man dies wenigstens immer in einer Gruppe tun, in der eine kontinuierliche Beziehung zu einem Leiter gegeben ist. Er oder sie muss als Ansprechperson auch zur Verfügung stehen für eventuell nachträglich eintretende Krisen und für die Integration des Erlebten.

Für den Moment stellt der legale therapeutische Einsatz von Psychedelika beziehungsweise von Empathogenen wahrscheinlich so etwas wie den kleinsten gemeinsamen Nenner in unserer Gesellschaft dar. Die Einsicht wächst, dass Leute, die psychotherapeutisch geschult sind, die etwas von psychedelischen und empathogenen Substanzen verstehen, diese verantwortungsvoll erforschen – dass diese Leute sie in einem therapeutischen Rahmen sollten anwenden dürfen. Wenn diese Substanzen dort einmal etabliert sind, werden sie sicher ihren weiteren Weg in die Gesellschaft finden.

Dazu müssten sie aber zuerst einmal legal sein.
Es gibt ja bereits Länder, in denen der Gebrauch dieser Substanzen legal ist. Etwa Portugal, wo der Besitz und Gebrauch kleiner Mengen aller psychoaktiven Substanzen 2001 entkriminalisiert wurde. Oder Brasilien, wo seit 1987 der rituelle Gebrauch von Ayahuasca uneingeschränkt erlaubt ist. Das gilt notabene inzwischen auch für den Ableger der brasilianischen Kirche União do Vegetal (UDV) in den USA. Dort hat die US-Regierung schon 1970 den Mitgliedern der Native American Church

(NAC) erlaubt, bei ihren religiösen Zeremonien Peyote zu gebrauchen {Anmerkung des Verfassers: Die NAC ist die größte Glaubensgemeinschaft der nordamerikanischen Ureinwohner}.

Ich denke, man wird irgendwann einsehen, dass der jetzige Weg mit der Kriminalisierung aller Drogen eine Sackgasse darstellt. Es wird sicher nicht passieren, dass man die Schleusen öffnet und sagt: «Bedient euch». Man wird pragmatisch vorgehen mit der Entkriminalisierung kleiner Mengen; mit Informationen, wie sich Drogenkompetenz erwerben lässt. Es wird auch weiterhin Repression brauchen, damit der Schwarzmarkt und die Begleitkriminalität wenn nicht beseitigt, so doch wenigstens minimiert werden können. Vor allem aber muss es Leute und Organisationen geben, die Drogenkompetenz vermitteln. In indigenen Kulturen ist der Umgang mit psychoaktiven Substanzen ein Lernprozess, der im Kindesalter anfängt. So weit muss man nicht gehen, aber es müsste in den Schulen beginnen, dass man psychedelische und empathogene Substanzen nicht verteufelt, sondern sagt: «Diese Substanzen halten ein großes Potenzial für wichtige Erfahrungen bereit, es braucht aber eine ernsthafte Auseinandersetzung mit ihnen und mit sich selber. Wenn man dazu nicht bereit ist, soll man die Finger davon lassen.»

Und wenn man eines Tages den LSD-Führerschein machen könnte, welche Empfehlung würden Sie Psychonautinnen und Psychonauten mitgeben?

Als Wichtigstes würde ich ihnen sagen: «Schaut, dass ihr diese Erfahrungen in den Alltag integrieren könnt.» Man muss etwas mit diesen starken und tiefgreifenden Erlebnissen tun, sonst bleibt man in einer Konsumhaltung verhaftet. Je bewusster man mit diesen Erfahrungen umgeht, desto eher wird man dieselben spirituellen Erfahrungen ohne Substanzen im Alltag und mit anderen nicht-pharmakologischen Mitteln machen können. Es braucht Kenntnisse der eigenen Psyche, eine Landkarte des Bewusstseins – ein Wissen darum, wie man eine Erfahrung sicher und gewinnbringend gestaltet, was zu tun ist bei unerwarteten Zwischenfällen, zum Beispiel bei überwältigender Angst.

Zum Interviewpartner
Dr. med. Peter Oehen ist Facharzt FMH für Psychiatrie und Psychotherapie mit eigener Praxis in Biberist, Kanton Solothurn. Seit 30 Jahren engagiert er sich in der MDMA- und LSD-unterstützten Psychotherapie. Er leitete die 2013 veröffentlichte MDMA-Pilotstudie für Patienten und Patientinnen mit Posttraumatischen Belastungsstörungen. Peter Oehen ist langjähriges Mitglied der Schweizerischen Aerztegesellschaft für Psycholytische Therapie (SAEPT).

Der Pilz war wie die Hefe im Brot

GESPRÄCH MIT MAX F. (55)

Ich war 16, als mich meine Mutter zu einem Vortrag zum Thema «Drogen – Sucht oder Genuss» mitnahm. Sie fand, ich sollte Bescheid wissen über die mit Drogen verbundenen Gefahren, waren doch zu dieser Zeit, in den 80er Jahren immer wieder mal Fixertote in den Schlagzeilen der Medien. Mich interessierte das Thema damals nicht wirklich, ich wäre lieber draußen im Freien spielen gegangen oder mit dem Mofa die Straßen rauf und runter gefahren. Aber als wir dort ankamen, sah ich mich umgeben von Menschen in farbigen Klamotten und mit langen Haaren, wie ich sie so noch nie gesehen hatte. Richtig bunte Paradiesvögel. Ich war damals selbst eher spießig, bürgerlich, sehr katholisch erzogen, betete viel, war streng mit mir selber und leistete in meiner Freizeit kirchliche Jugendarbeit. Daneben war ich ein begeisterter Sportschütze und träumte davon, einmal als Militärpilot aus der Luft unser Vaterland vor dem bösen Feind zu schützen. Das war meine Welt. An den Vortrag kann ich mich noch gut erinnern. Die Vorstellung, Drogen unter gewissen Umständen als Genussmittel zu betrachten, fand ich ziemlich befremdend; die anwesenden Neo-Hippies jedoch faszinierten mich. Nach diesem Vortrag sah ich sie überall an schönen Plätzen in der Natur: wie sie gesellig waren, Gitarre spielten, sich künstlerisch betätigten und Joints rauchten.

Ich spürte, dass ein Teil in mir auch so sein wollte wie sie. Ich suchte den Anschluss zu ihren Kreisen, was mir aber leider nie gelang. Ich glaubte jedoch, wenn ich mitkiffte, würde es mir leichterfallen dazuzugehören. Unter der Anleitung eines älteren und erfahrenen Jungen begann ich dann auch zu kiffen. Er brachte mir alles bei, was man darüber wissen musste. Das Kiffen tat mir aber nicht gut. Es dämpfte mich mehr, als mir lieb war, ließ mich noch introvertierter werden und bleich im Gesicht, da mein Blutdruck immer wieder in den Keller sackte. Ich merkte, dass ich scheinbar anders auf Cannabis reagierte als die Leute, die ich so bewunderte. Im Verlaufe der Jahre hatte ich mir dann aber doch angewöhnt, regelmäßig Joints zu rauchen. Nicht in den Hippie- und Künstlerkreisen, sondern eher unter den Freaks und «Losern» in unserer Gegend. Die begannen ab den 1980er Jahren auch vermehrt harte Substanzen zu konsumieren. Heroin war für mich immer ein No-Go. Ich sah genug schlimme Beispiele in der offenen Szene in Zürich und leider auch in meinem Kollegenkreis. Einige von ihnen hatten ernsthafte Probleme mit der Gesundheit und dem Gesetz bekommen, und einige starben an den Drogen oder sie nahmen sich das Leben. Diese Türe zu harten Drogen wollte ich nicht öffnen, das war mir schnell klar, und dabei blieb es auch – auch wenn mir Bekannte und Freunde ihre Erfahrungen mit «Eitsch» immer wieder schmackhaft zu machen versuchten.

LSD, die Wunder-Droge der Künstler, Intellektuellen und der zeitgemäßen Musikszene, wollte ich aber kennenlernen. Auf meinem ersten LSD-Trip war ich 18 oder 19. Ich unternahm den Trip in einer Gruppe Gleichaltriger. Die Trip-Erfahrung verlief ziemlich chaotisch; ich bekam nicht viel mit von dem, was mit mir und in der Gruppe passierte, stand irgendwie neben den Schuhen. Ich weiß aber noch, wie ich ins benachbarte Restaurant ging, um für uns Bier zu holen. Auf dem Rückweg unterhielt ich mich mit ein paar Gartenzwergen in einem Vorgarten. Ich trank dazu das Bier, das war lustig, und ich fühlte mich wohl dabei – wohler als in der Gruppe, wo alle nur rumhingen.

Zwei oder drei weitere Erfahrungen mit LSD endeten ähnlich durchzogen: witzig, verpeilt, schräg, jedoch mit wenig Tiefgang und – wenn überhaupt – mit nur mäßiger «Erleuchtungskraft». Eine wichtige Erkenntnis zeichnete sich dennoch schon ab, die für mich essenziell wurde. Auf den Trips wurde mir klar, dass ich die Welt anders sehen und wahrnehmen konnte, als ich es bisher immer getan hatte. Ich wurde im Alltag vorsichtiger im Umgang mit meiner Sichtweise, meinen Meinungen und der Idee, immer Recht haben zu müssen. Ich begann zu ahnen, dass meine Realität nur eine von vielen sein könnte. Im Nachhinein, muss ich sagen, war dieses Aufbrechen von Konventionen segensreich für mich und für meine persönliche Entwicklung. Eindrücklich und wegweisend war auch, wie auf einem LSD-Trip ein Gummibaum im Zimmer zum Leben erwachte. Er begann zu pulsieren, war plötzlich mehr als bloßes «Grünzeug». Wie er mir so entgegenleuchtete, realisierte ich, dass man sogar mit einer schlichten Pflanze in Beziehung treten kann, wobei in einem ein Gefühl der Wertschätzung entsteht. Eine Ahnung überkam mich, dass auch Pflanzen beseelt sein könnten.

Mit 21 wurde ich überstürzt und ungewollt Vater, das war keine einfache Zeit. Eigentlich war ich auf dem Sprung nach Indien gewesen, hatte in die weite Welt hinausgewollt. Trotz aller Schwierigkeiten sagten meine Partnerin und ich Ja zum Kind, zur Familie. Wir stürzten uns mit einer großen Portion Naivität, jedoch mit sehr viel gutem Willen ins Abenteuer Familie. Bald wohnten wir mit zwei kleinen Kindern in einem alten, renovierungsbedürftigen Bauernhaus, weitab von der Zivilisation. Die Umbauten gaben viel zu tun, wie auch der größer werdende Garten. Wir pflanzten Gemüse an und hielten uns Nutz- und Kuscheltiere. Wir suchten einen alternativen Lebensstil und wollten möglichst selbstversorgt und nahe der Natur leben. In jener Zeit las ich die Bücher von Carlos Castaneda, rauchte nur noch wenig Gras.

Es war für mich eine sehr idealistische Zeit. Ein religiöser und spiritueller Anteil war schon immer in mir angelegt gewesen. Ich wollte bereits als Jugendlicher Gutes tun, Hilfsbedürftige unterstützen oder sogar «Heiden missionieren». Jetzt, nach 20, hatte ich hohe Ansprüche an mich, an meine Frau und mein soziales Umfeld. Ich wollte mich neuen Herausforderungen stellen. Im Beruf tat ich es, indem ich meine handwerklichen Fähigkeiten mit meinem sozialen Engagement verband, eine Ausbildung im Sozialbereich absolvierte und in einer Behindertenorganisation anfing, Menschen mit geistigen und psychischen Behinderungen zu betreuen. Ich trat aus Überzeugung aus der Kirche aus, weil ich nicht mehr Ja zu dieser Institution sagen konnte, wurde Freidenker und übte mich in stundenlangem Philosophieren. Die Kombination von Erleuchtungswunsch, quasi-religiöser Mission und Schaffensdrang entfaltete in mir eine große und teils aber auch chaotische Wirkung.

Ich wünschte mir in jener Zeit, ich wäre ein Zauberer, der alles unter einen Hut bringen könnte. Ich hoffte, «magic mushrooms» würden mir dabei helfen. Das «Fleisch der Götter» der Azteken, die Kraftquelle vieler Schamanen wollte ich ausprobieren. Mit einem Kollegen, der Bilder malte im Stil von HR Giger und seine Zimmerwände schwarz gestrichen hatte, unternahm ich in dessen Wohnung meine ersten Pilzreisen. Das war zugegebenermaßen kein ideales Setting für ein erstes

Kennenlernen! Auf einer dieser Reisen hatte ich die düstere Vision, dass meine Familie auseinanderbrechen und ich den Boden unter den Füssen verlieren würde. Diese traumhafte Erfahrung traf mich tief in meinem Kern und bedrückte mich während Tagen extrem. Ich hatte Angst und wollte eigentlich nicht wissen, was sich da an Wissen in mir kundtat. Das war dann das vorläufige Ende meines Selbsterfahrungsweges mit den Zauberpilzen.

Ich hatte das Gefühl, ich sei nicht begabt für derartige Erfahrungen und zudem sei das Leben auch sonst schon anspruchsvoll genug. Bald darauf kamen für uns als Familie sehr strenge Jahre. Mit 30 erlitt ich einen Nervenzusammenbruch. Ich war überfordert in Beruf und Familie und mit mir selber. Schwarze Gedanken quälten mich, und ich war derart kraftlos, dass ich tagelang nicht aus dem Bett kam, geschweige denn noch meinen Pflichten nachkam. Kurz darauf ereigneten sich in meinem Leben eine Reihe traumatischer Geschehnisse; ich kam bei einem Unfall fast ums Leben, meine Frau verließ mich. Nachdem ich schon nach kurzer Zeit als alleinerziehender Vater überfordert war, zogen auch die Kinder definitiv zu ihrer Mutter. Die Belastungen waren so groß, dass ich mich auch mit gelegentlichem Kiffen nicht mehr entspannen konnte. So hörte ich ganz damit auf.

Erst 15 Jahre später, mit 45, ließ ich Substanzen wieder in mein Leben. Mittlerweile wohnte ich nicht mehr in dem alten Bauernhaus, sondern mit meiner damaligen Freundin und ihren drei Kindern im nahegelegenen Dorf. Wir waren schon einige Jahre zusammen, und mir ging es gesundheitlich und beruflich sehr gut; ich war topfit, trieb viel Sport und kletterte auf viele der schönsten Gipfel in den Alpen. Als die Kinder meiner Partnerin mit Cannabis zu experimentieren begannen, fingen wir an mit ihnen über Sinn und Gefahren des Kiffens zu diskutieren. Ich erzählte ihnen von mir und meinen nicht sehr glorreichen Erfahrungen mit psychoaktiven Substanzen. Mir war dabei bewusst, dass der Umgang mit diesen Stoffen ein Lernprozess ist wie das Autofahren oder der Umgang mit anderen nicht ungefährlichen Dingen. Ich erinnerte mich damals auch, dass ich in jener dunklen Periode meines Lebens beschlossen hatte, mit weiteren Substanzenerfahrungen zu warten, bis ich reifer wäre. Vielleicht war jetzt der richtige Zeitpunkt gekommen? In hatte gerade einen Kurs über Schamanismus begonnen und dabei immer wieder sehr starke Gefühlserlebnisse bei Naturritualen gehabt. Nun war ich wieder bereit, mich mit meinem Seelenleben auseinanderzusetzen. Diesmal wollte ich mich aber nicht mehr überfordern. Ich recherchierte viel im Internet über Dosierung, Set und Setting, las Berichte über Erfahrungen von anderen Reisenden sowie Informationen über den Schamanismus. Die Suche nach Menschen, die Erfahrungen mit psychoaktiven Pilzen hatten, verlief allerdings im Sand. So kam es, dass ich die Pilzreisen alleine unternahm. Ich suchte und fand die kleinen Helfer in der freien Natur, welche mir in den vergangenen 20 Jahren so wichtig geworden war. Als ich zum ersten Mal in den Bergen auf psilocybinhaltige Pilze stiess, war die Freude riesig, und mich befiel ein seltsames Gefühl. Es war, wie wenn diese Wesen auch mich gesucht und gefunden hätten. Ich wollte nicht mehr nur «auf Trip gehen», sondern Heilrituale abhalten, bei denen der Pilz der eine und ich der andere Heiler war. Das Ritual war mir sehr wichtig; in der Regel bestand es aus einer Reinigung mit Wasser, Räucherpflanzen, aus Trommeln, Singen und Beten. Als Durchführungsort wählte ich abgelegene Stellen in der Natur, ein Tipi auf einer Bergwiese, eine Alphütte oder einen Platz in der Wildnis der Tessiner Täler. Wenn ich unterwegs war, nahm ich mir genügend Zeit, den für mich stimmigen Ort für das Ritual zu suchen. Manchmal brauchte ich dazu Stunden. Stets versuchte ich herauszuspüren, ob der Pilz mir Gesellschaft leisten wollte oder nicht. Und nicht selten kam es dann nicht zu einer Pilzreise, sondern lediglich zu einem Naturerlebnis, das immer auch wunderschön und lohnend für mich war. Auf den Reisen mit oder ohne Zauberpilze stand der Aspekt des Heilens im Zentrum. Heilung im Sinne von Ganzwerdung und Einfluss-nehmen-Können auf mein Leben.

Heute, nochmals zehn Jahre später, bin ich sehr dankbar für diese tiefgreifenden Erfahrungen.

Einiges davon konnte ich in meinen Alltag integrieren, wobei sich mir erst mit den Jahren die Nachhaltigkeit und der Wert dieser Erfahrungen zeigten. Zum Beispiel waren die Pilze in einem dieser Rituale der Anstoß dass sich die schwierige Beziehung zu meiner Mutter nach und nach entkrampfte. Das Thema Mutterbeziehung kam dann auf folgenden Pilzreisen immer wieder spontan auf. Es drängte sich sozusagen wie das Myzel der Pilze durch das Erdreich nach oben und wollte dort fruchtbar werden. Meine Mutter trat so auf einer tieferen Ebene als die Jahre zuvor wieder in mein Bewusstsein. Es war mehr als nur schön, dass ich in den kommenden Jahren mit meinem Herzen teilnehmen konnte an ihrem Älterwerden, an ihrer Krankheit und ihrem Tod. Ich merkte, wie sich schwierige Themen zwischen uns auflösten, wie wir uns immer mehr in Frieden begegnen konnten. Der Pilz wirkte wie die Hefe im Brot. Er sorgte dafür, dass mir das Herz «aufging». Dadurch wurde es mir möglich, meine Mutter mit all ihren Ecken und Kanten zu akzeptieren und sie zu lieben, wie sie war. Sich mit Menschen auszusöhnen ist enorm heilsam! Das galt im Übrigen auch für meine damalige Partnerin. Nachdem wir schon längere Zeit getrennt waren, konnte ich sie erst mit Hilfe der Pilze wirklich in Frieden loslassen. Ich bin auf Pilzreisen innerlich oft auch zu jemandem hingereist, um ihm oder ihr etwas von dieser Kraft und Liebe weiterzugeben. Das hat mich selber jedes Mal mit einer großen Freude und

Zufriedenheit erfüllt. Wenn wir davon ausgehen, dass wir als menschliche Wesen alle verbunden sind, kann es durchaus sein, dass jemand von deinen guten Gedanken genährt wird und vielleicht von jemand anderem etwas zu dir zurückkommt.

Drei bis vier Jahre war ich so unterwegs, dann – mit Ende 40 – begann sich die Heilwirkung abzuschwächen, wie übrigens auch die optischen und halluzinogenen Effekte der Pilze. Einmal verabschiedeten sich die Pilze am Ende einer Reise mit dem Bild, dass dies nun ihr letztes Geschenk an mich gewesen sei und ich sie nicht mehr brauchen würde. Ich brauchte lange, um diese Botschaft zu begreifen und zu akzeptieren. Aber wer weiß, vielleicht klopfen die Zauberpilze wieder einmal an, und ich folge ihrem Ruf. Es waren aber nicht nur die Geschenke der Pilze, die zunehmend ausblieben. Ich selber war älter und vorsichtiger geworden und musste mehr Energie aufbringen, um alleine auf eine Substanzenreise zu gehen. Ich begann, mehr Respekt vor den Pilzen zu bekommen. Die schwierigen Momente, welche ich auf den Reisen stets auch erlebt hatte, machten mir mehr zu schaffen. Die Konfrontation mit heiklen persönlichen Themen strengte mich zunehmend an. Manchmal hätte ich mir gewünscht, der Trip wäre schon vorüber. Er kann stets einen Verlauf annehmen, wo es unangenehm wird während der Reise und manchmal auch danach. Dieses Restrisiko war ich nicht mehr bereit einzugehen. Ich hörte mit den Ritualen auf, die ich immer alleine unternommen hatte – und notabene stets hochdosiert.

Jetzt, mit 55, ist es in mir und um mich herum ruhiger geworden. Ich unternehme weniger, bin mehr daheim, wohne mit meiner Lebenspartnerin abseits (zum zweiten Mal) in einem alten Bauernhaus und arbeite viel im Garten. Die Karriere steht nicht mehr im Vordergrund, und im Bergsport muss ich mich auch nicht mehr beweisen. Seit einem Jahr habe ich keine Pilze mehr zu mir genommen, auch nicht in niedrigen Dosen. Dafür habe ich vor etwas mehr als drei Jahren MDMA kennengelernt und mache seither Reisen mit Substanzen meist nur noch innerhalb einer geführten Gruppe. Dort fühle ich mich sicherer, da alles vorbereitet und angeleitet wird. Ich reise mittlerweile lieber mit dem so sanften und herzöffnenden MDMA. Bei meiner ersten MDMA-Erfahrung war dieses herzöffnende Gefühl derart stark und ich nach dieser Sitzung noch so sehr davon erfüllt, dass ich auf dem Heimweg einen Umweg zu meiner bereits schwer kranken Mutter machte. Ich wollte sie in meinen Armen halten, und ihr etwas von meiner Erfülltheit weitergeben. Hatten die Pilze den Heilungsprozess in unserem Verhältnis vor Jahren angestoßen, so entfaltete sich jetzt mit MDMA nochmals eine feinere Wirkung.

Das überwältigende Gefühl, das sich mit MDMA einstellt, dass alles in Ordnung ist, so wie es ist;

die Erfahrung, dass du für Stunden die Welt positiv erlebst, ermöglicht Erholung und Regeneration vom Alltag mit all seinen Problemen. Das ist ein bisschen wie Ferien. Wenn ich dann doch wieder einmal in einem Gruppenritual LSD zu mir nehme, dann ist es viel niedriger dosiert als in meinen wilden Jahren. Mit MDMA bin ich deutlich weniger herausgefordert, sozusagen auf der sicheren Seite und stets liebevoll verbunden mit einer Gruppe von Menschen. Die Gruppenreisen mache ich zusammen mit meiner Partnerin. Manchmal unternehmen wir auch nur zu zweit eine MDMA-Reise. Dann sind wir ganz ruhig und lauschen der sanften Liebe in uns selbst und im anderen; wir entdecken das Gute in ihm und bejahen das weniger Gute. Dass wir gemeinsam mit MDMA unterwegs sind, beeinflusst unsere Beziehung positiv. Es fühlt sich gut an, meine Partnerin so zu erleben, ihr so nahe zu sein. Diese Qualität nehmen wir in den Alltag hinüber und da wirkt sie meist noch über Tage wohltuend nach. Vielleicht müsste man allen scheidungswilligen Paaren raten: «Macht zuvor eine MDMA-Sitzung zusammen und danach entscheidet ihr.»

Die Substanzen tragen dazu bei, dass ich mich auch mit «ü50» immer wieder vom Leben überraschen lasse. Sie sind es auch, die mich dazu bringen, mich mit dem Sterben auseinanderzusetzen. Ein Trip fühlt sich manchmal an wie ein kleiner Tod. Gerade wenn du auf einer Reise Angst bekommst, du mit deinen Abgründen konfrontiert wirst, ist das ein wenig wie Sterben. Aber gleichzeitig ist da auch der Aspekt des Staunens, des kindlichen Berührtseins. Mir helfen die Substanzen, lebendig, geschmeidig und achtsam zu bleiben. Und aus dieser Lebendigkeit heraus handelt man, schreibt ein Buch wie du jetzt, oder schneidet zum ersten Mal Obstbäume wie ich gerade eben. In diesem Sinne liegt der amerikanische Buchautor Michael Pollan sicher richtig, wenn er 65-Jährigen empfiehlt, psychedelische oder empathogene Substanzen auszuprobieren, auf dass sich allenfalls ihre Verhärtungen lösen und sie aus ihrem Eingefahrensein herauskommen. Junge, die ihre Energien und Kräfte noch nicht so gut bündeln können oder wollen, sollten hingegen vorsichtiger sein im Umgang mit Substanzen – ich weiß es aus eigener Erfahrung.

Biografische Angaben
Max F. ist 1964 geboren, er wuchs mit seinen drei Geschwistern in der Zentralschweiz auf, wo er nach wie vor lebt und arbeitet. Max F. stammt aus einfachen Verhältnissen, sein Vater war Mechaniker, die Mutter Hausfrau. Aus seiner vergangenen Ehe hat F. zwei Söhne im Alter von 32 und 34 Jahren. Heute lebt er mit seiner Partnerin in einem alten Haus mit Sicht auf See und Berge. F. ist gelernter Maschinenmechaniker. Nach der Lehre arbeitete er als Mechanikergruppenleiter in

einer Behindertenorganisation und machte berufsbegleitend die Ausbildung zum Sozialpädagogen. Danach arbeitete er in wechselnden Funktionen in Wohnheimen für geistig und psychisch Behinderte. F. ist heute in Teilzeit als Gruppenleiter mit Betreuungsfunktion angestellt. Seine freie Zeit verbringt er am liebsten in seinem großen Garten mit Obstbaumbestand und wandernd in der nahen Natur. «Wir versuchen möglichst autark und respektvoll zu leben», so der begeisterte Hobbygärtner, der auch Hühner und Hasen hält.

Die Substanzen haben mein Herz geöffnet

GESPRÄCH MIT MIA Z. (53)

Ich bin seit meiner Pubertät auf der Suche nach spirituellen Erfahrungen, vor allem in der Natur. Meine Eltern waren oft mit mir und meinen Geschwistern in den Bergen unterwegs. Sie haben in mir die Liebe zur Natur geweckt. An psychoaktiven Substanzen hingegen war ich, als ich 20 war, nur mäßig interessiert. Habe ab und zu mal einen Joint geraucht. Einfach Drogen konsumieren, damit es mir gut geht, wollte ich nie.

Mit 39 lernte ich dann aber über eine Freundin MDMA kennen. Das war in einer Gruppe, in einem schamanistischen Setting. Zum Leiterpaar, beide in den 50ern, fasste ich sofort Vertrauen. Es war ein gewaltiges Erlebnis, das ich nie vergessen werde. Auf dem MDMA-Trip habe ich erkannt, dass ich ein gutes – ein schönes Herz habe. Das hat so viel geöffnet in mir. Ich erinnere mich, dass ich dasaß, mein Herz spürte, seine Verbindung mit den anderen im Kreis. Diese Erfahrung hat bei mir eine Tür aufgestoßen, die seitdem nicht mehr zugegangen ist. Auf der zweiten Reise an diesem Wochenende nahmen wir LSD. Ich war ganz nüchtern und klar auf meinem ersten LSD-Trip. Erst die Zugabe von MDMA brachte mich wieder in meine Herzenergie und ließ auch meine Sexualität wieder aufleben.

Heute weiß ich aus Erfahrung, dass sexuelle Regungen unter dem Einfluss von MDMA nicht unbedingt ausgelebt werden müssen. Sie treten in einer gewissen Phase auf und gehen vorüber. Was meine ersten Erfahrungen mit Psychedelika und Empathogenen so besonders machte, war der Umstand, dass sie in der Natur stattfanden. Völlig unvorbereitet auf das, was mich erwartete, war ich bei meinen ersten Substanzenerfahrungen aber nicht. So hatte ich schon die Mongolei bereist und Schamanen kennengelernt, die sich ohne Substanzen in tiefe Trance-Zustände versetzen konnten. Ich hatte auch eine Ritualausbildung mit keltischen Ritualen gemacht, war bei einem Feuerlauf über glühende Kohlen gegangen und hatte mich anderen Grenzerfahrungen ausgesetzt. Kurz nach meiner ersten Erfahrung mit LSD und MDMA lernte ich jemand kennen, der mich inspirierte nach Guatemala zu reisen. Seither reise ich jedes Jahr dorthin. Die Begegnungen mit der indigenen Bevölkerung waren und sind für mich immer tief berührend. Ich durfte verschiedentlich an ihren Zeremonien teilnehmen. Ihre enge Verbindung zur Natur, den Elementen und den Ahnen hat – ich kann es wirklich so sagen – mein Weltbild entscheidend geprägt. Ohne Substanzenerfahrungen und die damit verknüpfte Herzöffnung hätte ich die starke Verbindung zu diesem Land in mir nie entdeckt.

Seit nunmehr 14 Jahren besuche ich regelmäßig denselben Kreis. Am Anfang vier Mal pro Jahr, jetzt noch einmal. Ab und zu unternehme ich auch zusammen mit Freundinnen aus der Gruppe eine kleine Reise. Ich bin aber sehr achtsam, man kommt schnell ins Konsumieren, gerade mit MDMA. Weil es sich so gut anfühlt, ist die Versuchung groß, alle paar Wochen auf einen MDMA-Trip zu gehen. Ich muss mir eingestehen, dass auch bei mir ein gewisses Suchtpotenzial nach «schönen» Erfahrungen besteht. Wenn ich aber sehe, wie unreflektiert junge Leute an Partys mit Drogen umgehen, halte ich mich zurück. Ich möchte mit Hilfe der Substanzen nach innen, zur Stille kommen. Für mich ist die Stille auf diesen Reisen mittlerweile das Wichtigste geworden. Dieses allmähliche Hinabsinken in einen absolut stillen Raum passiert ohne Worte. Ein psycholytisches Setting, in dem ich viel reden müsste, käme für mich nie in Frage. Für mich sind Substanzenreisen eine spirituelle Erfahrung, bei der ich mich als Teil der Schöpfung erlebe. Mit der Schöpfung verbunden zu sein, nicht mehr von ihr getrennt, das ist für mich eine der zentralen und bleibenden Erfahrungen, die ich unter Einfluss von Psychedelika und Empathogenen mache.

Ich bin auf meinen Substanzenreisen schon oft mit dem Sterben konfrontiert worden, erlebe immer wieder den Moment, wo ich bereit bin, alles loszulassen. Ich bin nicht mehr in meinem Körper; mein Bewusstsein hält nur noch lose, sozusagen aus Sicherheitsgründen, den Kontakt zum Körper aufrecht. Es fühlt sich für mich jeweils an wie der gute Zeitpunkt zum Gehen. Man wechselt beim Sterben ja sowieso nur die Dimension, davon bin ich überzeugt. Einmal auf LSD hatte ich meinen Körper verlassen und keine Lust mehr, in ihn zurückzukehren. Der Gruppenleiter hat mich dann zurückgeholt, indem er mir zurief: «Mia, wo bist du?» Ich erlebe auf Reisen immer wieder, dass sich alles auflöst, sogar das Nichts und die Leere. Alles steht still, dein Zeitgefühl ist weg. Ein bisschen fühlt es sich an wie im Auge des Hurrikans. Diese Zustände sind für mich wie die Rückkehr zu meinem Ursprung. Ich schöpfe daraus viel Kraft für meinen Alltag. Es kommt allerdings auch vor, dass sich auf dem Weg in die Stille Langeweile einstellt; immer dann, wenn sich mein Ego wieder meldet und sich beklagt, dass «nichts passiert».

Die visuellen Effekte, welche sich auf Substanzen einstellen, sind natürlich auch toll. Etwa, wenn sich dir die Pflanzen-Devas zeigen oder du die Energielinien der Erde siehst, welche unseren Planeten umgeben. Wenn du psychoaktive Pilze einnimmst, spürst du den Humor und den Schalk dieser Wesen. Das Nüchterne des LSD wiederum hat oft einen erschreckenden Effekt. Wenn ich vor lauter Kühle und Nüchternheit mein Herz nicht mehr spüre und mich von den anderen isoliert fühle, ist das fast unaushaltbar. Aber LSD ist für mich gleichwohl die Königssubstanz: Es verschafft eine Klarheit, die in den schönsten Momenten mit dem Herz verbunden ist. Ich muss aber gleich zu Beginn der Reise innerlich Kontakt zu meinem Herz aufnehmen. So mit mir verbunden, kann ich auf LSD auch schwierige Dinge in meinem Leben betrachten. Wenn du zum ersten Mal Substanzen nimmst, denkst du, du müsstest dieses oder jenes Thema genau anschauen und bearbeiten. Die persönlichen Themen kommen, wenn die Zeit reif dafür ist. Und wenn sie sich zeigen, lösen sie sich unter Einfluss von LSD oder MDMA nicht plötzlich in Luft auf. Was passiert, ist, dass sich deine Sichtweise auf diese Themen verändert. Sie wird weniger persönlich, ist nicht mehr so stark an dein Ego, an deinen Verstand gebunden. Du siehst dein Leben aus einer anderen Perspektive, eher mit dem Adlerblick von oben. Erkenne ich ein Problem, das mich im Moment beschäftigt, kann ich es erst einmal stehen lassen und muss nichts «machen». Das ist sehr heilsam.

Was ich auf meinen Reisen auch tue, ist, Menschen mitzunehmen. Im geistigen Sinne. Lebende, aber auch liebe Verstorbene. Zum Beispiel meine alten Eltern, die mit den Jahren so unbeweglich geworden sind. Sie lade ich ein, die Weite und Freiheit auf der Substanzenreise mit mir zu teilen. Etwas, was für sie in der Alltagsrealität viel schwieriger geworden ist, weil ihre Körper gebrechlich sind und ihr Bewusstsein mittlerweile getrübt ist. Wunderbar, wenn sie nur einen Moment in diesen Bereich eintreten können. Ich spüre es immer. Manchmal, wenn ich sie nach einer Reise besuche, gewinne ich den Eindruck, sie seien etwas ruhiger, versöhnlicher geworden. Ich habe auch erlebt, wie der kleine Sohn einer Freundin, der sonst bei mir immer fremdelte, nach einer Reise ganz stark meine Nähe suchte. Menschen reagieren darauf, wenn man ein offenes Herz hat. Die Substanzen haben mir auch bei meiner Arbeit mit alten oder kranken Menschen geholfen. Ich weiß heute, dass der Wesenskern jedes Menschen gesund und unversehrt ist. Das sage ich meinen Patienten und Patientinnen auch immer wieder, wenn sie einen schlechten Tag haben.

Mein Gebrauch von Substanzen hat sich über die Jahre nicht verändert. Ich habe ja nie das Risiko gesucht. Bei meinem Reiseleiter habe ich die Sicherheit, dass er mit der Dosierung nicht zu hoch geht. Die mittleren Dosierungen, die er wählt, vertrage ich immer noch gut. Für den Körper ist es aber schon anstrengender geworden. Am Tag nach dem Trip bin ich meist sehr müde. Im Erleben hat sich in den 14 Jahren, in denen ich jetzt mit Substanzen unterwegs bin, einiges verändert. Die Erkenntnisse sind nicht mehr so spektakulär wie am Anfang. Dadurch lassen sie sich aber auch leichter in den Alltag integrieren. Die Stille und Zeitlosigkeit, welche ich unter LSD oder MDMA erlebe, haben meinen Alltag verändert. Ich renne bei der Arbeit nach wie vor der Zeit nach, aber ich kehre auch schneller wieder in die Stille zurück. Es geht auf meinen Reisen heute mehr ums Vertiefen, ums Wurzelnschlagen in mir selber und in der Schöpfung. Das ist sehr tröstend, es gibt mir Kraft im Alltag und lässt mich gelassener werden. Wenn mich in Krisensituationen das Gefühl überfällt, ich sei mutterseelenallein auf dieser Welt, meldet sich rasch wieder die andere Gewissheit: dass ich Teil von einem Ganzen bin.

Auch mein Umgang mit den eigenen Schattenseiten hat sich verändert. Ich kann sie eher akzeptieren und in mein Leben integrieren. Auch schwierige Gefühle kann ich heute eher zulassen, weil ich mich mit ihnen nicht mehr identifiziere. Bei all dem Positiven, das ich mit psychoaktiven Substanzen erfahren habe, ist mir doch wichtig zu betonen, dass ich auch ohne sie leben könnte. Es gibt viele Menschen, die ohne LSD zu denselben tiefen Einsichten gelangen. Ob mir Substanzen dereinst beim Sterben helfen könnten, weiß ich nicht. Ich bin ja auch bei der Sterbehilfeorganisation Exit angemeldet. Wenn mich aber Todesangst überfallen sollte, wäre MDMA in einer hohen Dosierung vielleicht hilfreich, um angstfrei auf die andere Seite zu gelangen.

Biografische Angaben

Mia Z. wurde 1965 in Basel geboren. Ihre Eltern zogen schon bald ins Engadin, wo sie mit ihren fünf Geschwistern aufwuchs. Mia Z. ließ sich nach der obligatorischen Schulzeit zur Pflegefachfrau ausbilden. Sie arbeitete mehrere Jahre in einem Sterbehospiz und in der Überlebenshilfe für Drogenpatienten sowie in der Suchtberatung. Danach folgte eine Ausbildung zur Ritualleiterin in keltischen Ritualen. Seit zehn Jahren arbeitet sie selbständig in der ambulanten psychiatrischen Pflege. Mia Z. hat zwei erwachsene Kinder und ist seit kurzem glückliche Großmutter. Mit ihrem Ex-Mann ist sie nach wie vor freundschaftlich verbunden. Sie lebt heute allein in einem Haus in den Bergen, nahe der Natur, zusammen mit ihrer Katze und ihrem Hund. Ihren Horizont erweitert Mia Z. auf regelmäßigen Reisen in die Mongolei und nach Guatemala.

Das Besondere hat sich verloren

GESPRÄCH MIT INGO V. (59)

Im Oktober 1988 machte ich zum ersten Mal eine Erfahrung mit MDMA. Ich kann mich noch genau daran erinnern, weil die Umstände so besonders waren. Ich war Ende 20 und hatte, seit ich 17 war, das starke Gefühl einer Berufung, ins Kloster zu gehen. Ich war ein paar Mal als Kandidat in Klöstern gewesen, um zu prüfen, ob dieser Weg der richtige für mich wäre. Ich verliebte mich dann aber immer wieder in Frauen. Als ich auf die 30 zuging, machte meine Mutter Druck, da sie der Ansicht war, in diesem Alter müsse ein Mann wissen, was er im Leben will. Um Klarheit zu erlangen, wandte ich mich an den Prior eines Benediktinerklosters, der als bedeutender Seelsorger bekannt war. Der nahm sich meiner an, und wir hatten viele tiefgehende Gespräche und Auseinandersetzungen, aber ich kam in meiner Entscheidungsfindung dennoch nicht weiter. Da ließ er eines Tages durchblicken, es gebe da noch eine Möglichkeit der Klärung, die aber nicht ganz unproblematisch sei und mir großes Vertrauen abverlangen würde. Ich willigte ein und begleitete ihn an ein fünftägiges Seminar, wo wir in therapeutisch begleiteter Gruppen MDMA zu uns nahmen.

Das war für mich ein Schlüsselerlebnis. Dazu muss man wissen, ich war damals mit zwei Frauen zugleich liiert. Die Sexualität und Intimität mit dem anderen Geschlecht waren für mich bis dahin das Innigste, Wichtigste, Bedeutsamste im Leben gewesen. Unter dem Einfluss von MDMA eröffnete sich mir aber völlig unerwartet eine Wirklichkeit, eine Transzendenz, welche die Erfahrungsstärke der Sexualität mit den Frauen in meinem Leben deutlich übertraf und in mir eine spirituelle Sehnsucht berührte, die mich schon sehr lange geleitet hatte. Im Rückblick war diese Erfahrung eine Illusion ohne reale Perspektive, eine wunderbare Täuschung – aber in diesem Moment war es eine spirituelle Offenbarung. Ich hatte ja auch Theologie studiert und mich sehr mit der christlichen Mystik des Mittelalters befasst. Schon immer hatte ich mich nach der Gotteserfahrung der Mystiker gesehnt – nach dieser speziellen Erfahrung, die Gottesnähe nicht nur zu denken, sondern sie zu erleben. Diese erste MDMA-Erfahrung, von viel christlicher Sakralmusik umrahmt – ich mag mich besonders an das Requiem von Gabriel Fauré erinnern –, war für mich die Initiation in die monastische Welt hinein.

Mehrere Wochen später entschied ich mich dafür, ins Kloster einzutreten. Ich kündigte die Verträge mit den Mitbesitzern meiner Buchhandlung und leitete alles Nötige für die Auflösung meines weltlichen Lebens ein. Die Aufnahme ins Kloster war im September 1989. Kurz vorher nahm ich nochmals MDMA im selben Setting wie zehn Monate zuvor – und da wusste ich, dass ich auch einmal so arbeiten wollte wie die Therapeuten, die uns begleiteten. Einige Jahre später, als ich bereits im Kloster war, studierte ich denn auch Psychologie an der Universität Münster. Ich wohnte dort in einer Brüdergemeinschaft, in der wir nach den benediktinischen Regeln zusammenlebten.

So unwahrscheinlich es sich vielleicht anhört, aber meine Substanzenerfahrungen dauerten nach dem Eintritt ins Kloster an. Es gab neben mir einige Brüder, die heimlich mit Substanzen im selben therapeutischen Setting wie ich außerhalb des Klosters «Erfahrungen» machten, wie wir es nannten. So kam ich zu meinen Erfahrungen mit LSD und Psilocybin-Pilzen. Uns trieb die Sehnsucht nach dem Erleben und Erfahren anderer, höherer Wirklichkeiten und einem besseren Verständnis unserer selbst. Im stillen Gebet und auch im benediktinischen Chorgebet ist mir das kaum je gelungen. All diese Anstrengungen hatten nicht im mindesten die Wucht und Nachhaltigkeit einer psychedelischen Erfahrung. Bei allen Brüdern, nicht nur bei mir. Auch heute, 31 Jahre später, höre ich von ihnen immer wieder, wie sehr diese Erfahrungen sie geprägt haben. Der einzig hinreichende Grund, nach den Regeln des heiligen Benedikts in ein Kloster zu gehen, lautet, dass der

Aspirant wahrhaft Gott suchen müsse. Das war bei mir der Fall, aber ich habe Gott im Kloster mit Gebeten und dem Befolgen von Regeln nicht ansatzweise gefunden, näher gekommen bin ich ihm mit Psilocybin in rituellen Kontexten. Das waren wahre Gotteserfahrungen. Davon wusste der Abt des Klosters anfangs nichts. Als er es dann trotzdem erfuhr, verbot er uns weitere Substanzensitzungen, die dem Ruf des Klosters und der Gemeinschaft hätten schaden können. Fortan unternahm ich meine Substanzenreisen nur noch alleine oder heimlich mit anderen Mitbrüdern, etwa in der großen Liturgie mit etwas LSD. Die Orgel, der Weihrauch, die Kerzen waren das ideale Setting für diese Substanz. Inzwischen hatte ich auch Kontakt aufgenommen mit dem Benediktinermönch und spirituellen Lehrer David Steindl-Rast. Der hatte in einer kleinen Broschüre etwas über MDMA und Spiritualität publiziert und sich als Psychonaut geoutet. Er sagte mir einmal anlässlich eines Besuchs im Esalen-Institut in Kalifornien, die All-Eins-Erfahrung mit MDMA sei das, was Mönche in jahrelangem Gebet zu erlangen versuchten – und selten erreichten.

Ich bin jetzt seit fast 31 Jahren mit Substanzen unterwegs, habe mit grossen spirituellen Lehrern wie etwa dem verstorbenen Bewusstseinsforscher Ralph Metzner entsprechende tiefe Erfahrungen gesammelt. 1992 bis 1995 ließ ich mich in der Schweiz zum Psycholytischen Therapeuten ausbilden – die

Kosten hat das Kloster übernommen! Dort habe ich dann auch nach meinem Psychologiestudium Exerzitien- und Meditationsseminare durchgeführt und Psychotherapie für auswärtige Klienten angeboten. Bis zum Verdikt des Abts habe ich auch psycholytische Erfahrungsgruppen – natürlich außerhalb des Klosters und ohne Wissen meiner Mitbrüder – geleitet.

Meine eigenen Substanzenerfahrungen sind mit der Häufigkeit der Einnahme alltäglicher, normaler geworden. Das Besondere hat sich verloren. Wenn ich zurückschaue, was mir MDMA damals verheißen hat, welche Visionen von Gottesnähe es mir verschaffte, dann muss ich heute sagen: Im Rückblick hat sich das als Trugschluss erwiesen. MDMA bringt dich immer wieder in die gleichen angenehmen, aber auch trügerischen Verführungsräume, ohne eine wirkliche Transformation zu bewirken. Die Einnahme von MDMA führt lediglich zu intensiven Transzendenzerfahrungen, die sich aber infolge der Häufigkeit der Einnahme über die Jahre deutlich abschwächen bis banalisieren.

Ich bin im Kloster schnell wieder mit meinen inneren Widersprüchen zwischen der Berufung zum Mönch und meiner Sexualität konfrontiert worden. Insbesondere, weil ich in meinen Kursen auch mit Frauen (von außerhalb des Klosters) zusammentraf. Ich bin im und am Zölibat, am klösterlichen Lebenswandel insgesamt gescheitert und habe das Kloster nach zehn Jahren verlassen. Ich bereue überhaupt nicht, diesen Weg gegangen zu sein, aber die Erwartung im Hinblick auf Erleuchtung und Gotteserkenntnis, die Hoffnung auf Zufriedenheit und Überwindung von Alltagsverstrickungen und Beziehungskonflikten – all das hat sich trotz der Initiation durch MDMA nicht ergeben. Auch nicht bei meinen Partnerinnen, die nach meiner Klosterzeit mit mir zusammen MDMA einnahmen. Ich habe Hunderte von Menschen erlebt und begleitet, die MDMA-Erfahrungen gemacht haben. Bei keinem von ihnen hat sich diese Verheißung im Alltag als nachhaltig erwiesen, gleichwohl bin ich – und die meisten von ihnen – enorm dankbar für diese Erfahrung. Wer hingegen von dieser Substanz transformatorische Veränderungen erwartet, gibt sich einer illusionären Verkennung hin. Anders sieht es bei einem kontrollierten therapeutischen Setting aus, dort zeigen die aktuellen Studien hoffnungsvolle Perspektiven auf. MDMA hat mich aber auf Wege gebracht, die ich sonst nicht gegangen wäre. Von daher hat es eine sehr positive Wirkung auf mein Leben ausgeübt.

LSD wiederum mag ich inzwischen nicht mehr; ich erlebe es als kalte, gefühlseinfrierende Substanz. Ich fühlte mich unter LSD immer eingezwängt und abgeschnitten, mir selbst fern und der Welt, wie in einem lebendigen Grab. Ich habe mit LSD außer in der Zeit im Kloster kaum wirklich positive emotionale Erlebnisse oder auch mentale Erfahrungen gehabt, geschweige denn einen Durchbruch erlebt. Dies, obwohl ich die Substanz im Laufe der Jahre in verschiedensten Dosierungen eingenommen habe. Nach meiner letzten schwierigen LSD-Erfahrung vor ein paar Wochen werde ich künftig definitiv die Finger davon lassen.

Meine bevorzugte Substanz ist Psilocybin, das ich als warm und organisch erlebe. Bis heute sind die Zauberpilze echte spirituelle Begleiter in meinem Leben. Die Pilzerfahrungen, die ich ein- bis zweimal im Jahr mache, haben jeweils wochenlange Effekte. Ich bin in dieser Zeit tief ausgeglichen und zufrieden. Die Pilze sind für mich eher stille spirituelle Begleiter in meditativen Settings. Auf der Beziehungsebene mit anderen Menschen erlebe ich sie eher schwierig, anstrengend und schwer zu kontrollieren. Große Probleme habe ich hingegen mit Ayahuasca, das ich regelmäßig in verschiedenen Settings zu mir genommen habe. Ich bin mit Ayahuasca immer gescheitert, reagiere extrem negativ, wahrscheinlich weil mein Metabolismus damit nicht umgehen kann. Daher nehme ich es nicht mehr. Von den psychedelisch wirkenden Substanzen sind für mich nur noch Psilocybin, DMT und 5-MeO-DMT sehr relevant.

Ich habe 20 Jahre lang psycholytische Erfahrungsgruppen geleitet, die ersten noch in meiner Klosterzeit – aber nicht im Kloster selber –, später dann in den Jahren meiner Tätigkeit in verschiedenen Kliniken mit ausgewählten Patienten, aber auch postklinisch nach einer angemessenen Zeit. Ich konnte dies nicht legal tun, immer nur im Schattenbereich aufgrund der fehlenden Legalität. Als dann 2009 zwei Teilnehmer einer psycholytischen Erfahrungsgruppe in Berlin starben, weil der Gruppenleiter die Substanzen falsch dosiert hatte, hörte ich mit dieser Arbeit auf. Ich konnte den Patienten nicht mehr glaubhaft versichern: «Ihr müsst euch keine Sorgen machen.» Ich bekomme immer wieder Anfragen von ehemaligen Seminarteilnehmern, die wünschen, nochmals eine Erfahrung mit Substanzen zu machen. Aber der Aufwand und das Risiko aufzufliegen sind mir zu hoch. Es kommt dazu, dass wir damals, vor 30 Jahren, alle noch jung und voll in unserer Kraft waren. Heute sind die meisten Rentner, Omas und Opas. Das Risiko, dass ein medizinisches Problem auftaucht, ist mir zu groß geworden; zudem wäre ich bei einem diesbezüglichen Vorfall meine Approbation los. Für mich selbst habe ich keine Angst. Ich nehme seit Jahren Blutdruck- und Cholesterinsenker, hatte vor fünf Jahren eine Krebserkrankung mit ziemlich starken Beeinträchtigungen. Das sind keine Kontraindikationen; medizinisch bin ich, wie man sagt, gut eingestellt.

Bei meinen privaten Substanzenreisen sind die Abstände in den letzten Jahren gleichwohl deutlich größer geworden. Nicht aus gesundheitlichen Gründen, sondern weil ich bei meiner Arbeit als Therapeut und zudem als Vater über wenig freie Zeit verfüge. Ein Tag, den ich nur für mich habe, ist selten. Ab und zu teile ich eine Substanzenerfahrung mit Freunden. Wenn ich mit jemandem ohne entsprechende Vorerfahrung eine Pilzreise unternehmen möchte, sorge ich dafür, dass er oder sie zum Einstieg ein paar Wochen vorher zur Vorbereitung zuerst MDMA ausprobiert. Dies, weil ich MDMA nach wie vor für eine hervorragende Substanz für eine empathogene Erfahrung halte, nicht jedoch für spirituelle, transzendierende Erfahrungen.

Eine angstvolle Ichauflösung habe ich auf meinen Trips nie erlebt. Ich erfuhr den Tod meines Egos immer sehr dankbar als Befreiung, als Öffnung und Verbundensein mit etwas größerem Ganzen. Mein Wunsch wäre es, beim Sterben mit Substanzen zu gehen, wie es Aldous Huxley getan hat. Am liebsten mit MDMA und Pilzen. Ich bin sehr involviert in der Sterbehilfediskussion, bin Mitglied einer Schweizer Sterbehilfeorganisation und möchte mich auch hier in Deutschland mehr in diesem Sinne engagieren. Ein Freund von mir ist Konsiliararzt für die Sterbehilfeorganisation Exit Schweiz. Ich habe mich schon früh mit dem selbstbestimmten Sterben befasst. Ich war eine Frühgeburt, die ersten sechs Wochen lag ich im Brutkasten und wurde notgetauft, weil man nicht wusste, ob ich überleben würde. Eine gewisse Affinität zum Tod ist mir also eigen. Mit Ayahuasca und DMT habe ich tiefgehende Todeserfahrungen gemacht, die ich nicht missen möchte, obwohl sie heftig waren. Ich war mir sicher zu sterben, hatte jegliche Kontrolle über alle meine Körperfunktionen verloren und verspürte große Todesangst. Mein Körper wusste, dass er jetzt sterben musste. Die Erlösung kam, indem ich mich diesem Gefühl hingab. Das war eine äußerst nachhaltige Erfahrung.

Biografische Angaben
Ingo V. wuchs im Rheinland auf. Nach dem Abitur ließ er sich zum Bankkaufmann ausbilden, arbeitete aber nie in dem Beruf. Er war dann als Buchhändler tätig, betrieb mehrere Jahre eine eigene Buchhandlung in Bonn, die auf Grenzwissenschaften spezialisiert war. In Bonn studierte er anschließend Theologie und Philosophie. Mit knapp 30 trat er 1989 in ein Benediktiner-Kloster ein und ließ sich dort zum Mönch ordinieren. Nach fünf Jahren legte er die feierliche Profess ab, die Verpflichtung, für immer im Kloster zu bleiben. Im Status eines voll ordinierten Mönches absolvierte er ein Psychologiestudium an der Universität Münster. Er lebte dort in einer Brüdergemeinschaft nach den Regeln des heiligen Benedikt. Ingo V. kehrte nach dem Studium 1996 ins Kloster zurück und arbeitete dort als Pförtner, Psychotherapeut und Käser. Er leitete Exerzitien-

und Meditationsseminare und bot Psychotherapie für auswärtige Klienten und Klientinnen an. Nach zehn Jahren verließ Ingo V. das Kloster, weil er mit dem Zölibat nicht zurechtkam. Er heiratete und wurde Vater einer heute 19-jährigen Tochter. Mit seiner Familie zog Ingo V. dann ins Allgäu, wo er als Psychotherapeut neun Jahre in einer psychiatrischen Klinik arbeitete. Während weiterer acht Jahre war er therapeutischer Leiter einer Suchtklinik, gefolgt von einem Jahr Therapiearbeit in einer kleinen exklusiven Privatklinik. Seit zwei Jahren arbeitet Ingo V. in seiner Heimatstadt mit Einzel- und Gruppenpatienten. Daneben ist er Supervisor und Selbsterfahrungsleiter für drei staatlich anerkannte Ausbildungsinstitute für Psychotherapie. Ingo V. wohnt mit seiner Tochter zusammen. Sein 14-jähriger Sohn lebt bei der Mutter, mit der Ingo V. nicht mehr zusammen ist. Den Sohn sieht er «häufig und regelmäßig» wie auch seinen jüngeren neunjährigen Sohn von einer späteren Partnerin in der gleichen Stadt. Ingo V. ist das ganze Jahr ein regelmäßiger Saunagänger, er liebt lange Spaziergänge mit seinem Hund, liest viel, pflegt einen großen Freundes- und Bekanntenkreis und fühlt sich «voll ausgelastet, auch ohne Hobbys».

Mystische Erfahrungen haben im Buddhismus seit jeher einen hohen Stellenwert

INTERVIEW MIT VANJA PALMERS

Sie haben im von Ihnen begründeten buddhistischen Kurszentrum Felsentor auf der Rigi über Vitznau im Winter 2014 und Frühjahr 2015 Professor Franz Vollenweider von der Psychiatrischen Klinik der Universität Zürich ermöglicht, mit Zen-Meditierenden eine Psilocybin-Studie durchzuführen. Wie sind Sie als ordinierter Zen-Priester auf die Idee gekommen, dass die Einnahme von psychedelischen Pilzen für Zen-Meditierende hilfreich sein könnte?

Dass diese Pflanzenlehrer hilfreich sein können, habe ich schon lang vor meinem Dasein als Zen-Priester erfahren dürfen; sie haben mich erst zu Yoga, Meditation, Buddhismus und Zen gebracht. Die Idee, Psilocybin im Rahmen eines mehr oder weniger formellen Sesshin-Settings zu verabreichen, fußt auf Erfahrungen in den USA mit der Native American Church (NAC), der größten Glaubensgemeinschaft nordamerikanischer Indigner. Ein zentrales Element dieser Gemeinschaft sind die streng ritualisierten Gottesdienste, bei denen die Teilnehmenden den meskalinhaltigen Peyote-Kaktus einnehmen. In den Reservaten, wo diese Tradition noch lebendig ist, gibt es wesentlich weniger Alkoholprobleme und einen besseren Zusammenhalt in der indigenen Gemeinschaft. Mir fiel sofort auf, wie sehr eine Zeremonie der NAC einem Zen-Sesshin gleicht. Hier wie dort ist der Ablauf klar strukturiert, beide Settings haben sich über einen langen Zeitraum als Gefäße tiefgreifender spiritueller Erfahrungen entwickelt und bewährt. Ein gleichzeitig intimer und bis zu einem gewissen Grad unpersönlicher Rahmen, eine Struktur, die trägt – zumindest für Leute, die gut damit vertraut sind. Meine Frage an die Teilnehmenden der Studie bei uns im Felsentor war einfach: Ist eine psychedelische Erfahrung in eurer Meditationspraxis hilfreich? Könntet ihr euch vorstellen, sie Freunden oder Schülern zu empfehlen?

Welche Erfahrungen haben die Meditierenden anlässlich der Studie gemacht?

An der Studie teilgenommen haben ausschließlich Personen mit einer langjährigen, soliden Meditationspraxis – und mit keiner, oder möglichst wenig Erfahrung mit Psychedelika. Die Psilocybin- bzw. Placebo-Einnahme fand am vierten Tag eines fünftägigen Zen-Sesshin statt. Die Reaktionen derjenigen Teilnehmenden, die Psilocybin zu sich genommen hatten, waren ganz verschieden. Einige haben weiter im Lotussitz oder auf dem Bänkchen meditiert, sie machten ihre Gehmeditation und Niederwerfungen. Andere sind schon kurz nach der Einnahme flach gelegen und konnten sich für längere Zeit kaum bewegen. Dies, obwohl die Dosierung ganz genau auf ihr Körpergewicht abgestimmt, also für alle theoretisch gleich war. Alle 40 Teilnehmenden haben sich positiv über ihre Erfahrung mit Psilocybin geäußert, auch in der Nachbefragung sechs Monate später. Dankbarkeit war ein oft genanntes Wort, und viele der Probanden und Probandinnen nahmen neue Impulse für ihre Meditationspraxis mit nach Hause.

Machten die Meditierenden mystische Erfahrungen, die ihnen bis dahin unbekannt gewesen waren? Erlebten sie insbesondere ein verstärktes Gefühl der inneren und äußeren Einheit?

Ja, das traf bei vielen zu. Es gibt auch unter langjährig Meditierenden etliche, die nie ein Satori-, ein Aufwach-Erlebnis haben. Das ist auch kein Muss auf dem Zen-Weg. Ein Psychedelika wie das Psilocybin kann aber eine solche tiefe Erfahrung der Einheit aller Dinge und eine damit einhergehende Vertiefung der spirituellen Praxis auslösen. Roland R. Griffith von der John-Hopkins-Universität hat mit seinem Team in den USA Psilocybin-Studien in verschiedenen Dosierungen durchgeführt. Bei den höheren Dosierungen haben zwei Drittel der Probanden und Probandinnen mystische Erfahrungen gemacht. Das war bei uns ähnlich. Aber im Unterschied zur amerikanischen Studie hatte von unseren Probanden niemand nennenswerte Angst- und Verwirrungszustände. Da Substanz und Dosierung identisch waren, muss das am Set und Setting liegen: Bei uns machten die Psilocybin-Erfahrung Meditierende, die mit aussergewöhnlichen Bewusstseinszuständen vertraut sind, in den USA waren es Gläubige, die ihre Religion praktizieren. Bei uns fand die Erfahrung in einem abgelegenen Zen-Tempel in der Natur innerhalb einer Gruppe statt, in den USA als Einzelsitzung in einem Klinikzimmer. Ich sage immer: Analog zu den drei buddhistischen Juwelen Buddha – Dharma – Sangha gibt es auch die drei psychonautischen Juwelen Substanz (was in welcher Dosierung), Set (mein eigener Geist) und Setting (Umgebung).

Sie sehen in der Kombination von Zen-Meditation und Einnahme von psychedelischen Substanzen keinen Widerspruch. Stehen Sie mit dieser Einstellung in der Gemeinde der langjährigen Zen-Meditierenden nicht relativ isoliert da? Selbst Meditierende, bei denen Substanzen der Auslöser waren, um sich auf einen spirituellen Weg zu begeben, verzichteten relativ schnell auf psychedelische Substanzen und diffamierten deren Gebrauch sogar öffentlich. Sie selber hatten nach LSD-Erfahrungen in jungen Jahren 30 Jahre lang keine psychedelischen Substanzen mehr zu sich genommen.

Für mich war es immer klar, dass ich irgendeinmal nochmals durch diese Lupe schauen wollte und musste. LSD und andere psychedelische Substanzen spielten in meinen jungen Jahren eine derart entscheidende Rolle, dass sie ein Referenzpunkt meiner spirituellen Praxis blieben, auch wenn ich danach fast 30 Jahre abstinent lebte. Ich wäre mit großer Wahrscheinlichkeit nie ein buddhistischer Priester geworden, wenn ich nicht mystische Erlebnisse mit LSD gehabt hätte. Diese heiligen Substanzen (Albert Hofmann nannte sie gerne so) haben mich erst auf den spirituellen Pfad gebracht, in meinem Fall auf einen buddhistischen, eher konservativen, traditionellen Weg. So wie mir ist es in den 60er und 70er Jahren des letzten Jahrhunderts sehr vielen ergangen, insofern bin ich ein typischer Vertreter einer ganzen Generation. In einer Befragung von *Tricycle*, der größten englischsprachigen buddhistischen Zeitschrift, gaben 83 Prozent von 1500 Befragten an, sie hätten vor ihrer Meditationspraxis Kontakt mit Psychedelika gehabt. 60 Prozent meinten, Meditation und die Einnahme psychedelischer Substanzen seien durchaus kombinierbar. In der Altersgruppe 20 und darunter waren es gar über 90 Prozent.

Etwa Mitte Fünfzig spürte ich, dass der Zeitpunkt gekommen war, mich erneut mit psychedelischen Substanzen auseinanderzusetzen.

Die Ausgangslage war natürlich eine andere als mit 20 oder 25. Ich hatte inzwischen 30 Jahre Meditationspraxis auf dem Buckel beziehungsweise unter meinem Hintern und war Zen-Priester und Lehrer in einer buddhistischen Gemeinschaft. Nebst meiner persönlichen Neugierde trieb mich vor allem auch die Frage um, ob sich Psychedelika als Methodik zur Selbsterkundung in den Zen-Weg und in andere traditionelle Technologien der Bewusstseinserforschung integrieren lassen. In dieser Frage ist die buddhistische Gemeinde – und wie es ausschaut, auch alle anderen etablierten Religionen – gespalten. Namentlich unter den asiatischen Lehrern gibt es viele Skeptiker. Abgesehen von der Illegalität sind im geordneten, strukturierten System der etablierten Religionen, inklusive Zen-Buddhismus, Unberechenbarkeiten, wie sie durch den Gebrauch von Substanzen auftauchen können, eher suspekt und werden mit großer Mehrheit abgelehnt. Dabei ist gerade für den Zen-Buddhismus die direkte, persönliche Erfahrung zentral. Mystische Erfahrungen haben im Buddhismus seit jeher einen hohen Stellenwert, sie werden von guten Lehrern unterstützt, begleitet und in die Lehre eingeordnet.

Meditationslehrern, die mir sagen, psychoaktive Substanzen würden nicht mit Meditation zusammengehen, antworte ich gerne, dass Meditation aber sehr hilfreich bei einer Substanzenerfahrung ist. Die Fähigkeit, ruhig zu sitzen, den Geist zu beobachten, ohne sich mit den Inhalten zu identifizieren, emotionale Turbulenzen auszuhalten – das alles ist auf einer psychedelischen Reise durchaus wertvoll und nützlich. Und entgegen der Meinung der in den allermeisten Fällen in dieser Hinsicht völlig unerfahrenen asiatischen Lehrer äußern sich westliche Langzeitmeditierende recht positiv über diese Kombination.

Mystische Erfahrungen – ob spontan auftretend oder durch irgendeine Technik provoziert – hinterfragen unser Selbstverständnis radikal. Aber sie sind immer «nur» eine Erfahrung; flüchtig, obwohl sie außerhalb der Zeit und so gesehen ewig sind. Die wirkliche Aufgabe besteht darin, sie in unser Leben zu integrieren. Wir sagen im Zen: «Die eigentliche Übung beginnt erst mit dem Erwachen.» Wie bewege ich mich auf dem Marktplatz des Lebens? Wie kann ich die weite Offen- und Verbundenheit, welche ich in diesen tiefen Erfahrungen erlebe, bewahren und in die täglichen Aktivitäten einfließen lassen? Wie ein freundliches, wohlwollendes, zuversichtliches Leben führen? Unter spirituellen Suchern in hiesigen Breitengraden stelle ich eine zunehmende Offenheit für diese Themen fest. Noch vor fünf, sechs Jahren wollte kaum ein namhafter buddhistischer Lehrer im Zusammenhang mit psychedelischen Substanzen genannt werden. Das hat sich geändert. Wenn ich vor buddhistischen Gesellschaften über Psychedelika und Zen referiere, stoße ich regelmäßig auf großes Interesse. Wobei ich leider häufig den zu Recht viel gepriesenen buddhistischen Mittelweg etwas vermisse: Die Menschen sind nicht selten entweder idealisierend begeistert, oder aber sie verdammen alles, was mit Substanzen zu tun hat.

Vielleicht ist diese Annäherung gar nicht so erstaunlich, wenn man bedenkt, dass der Buddhismus mit seinen mentalen Techniken der Bewusstseinserforschung auf viel ältere Traditionen gründet, die den rituellen Gebrauch psychoaktiver Pflanzen zur Bewusstseinserweiterung kannten?
Ich denke, alle sogenannten Hochreligionen wurzeln in schamanistischen Praktiken. Schon der indische Gelehrte Patanjali, der Verfasser des *Yogasutra*, sagte vor über 2000 Jahren: Die wunderbaren Zustände, die «Siddhis», werden entweder spontan, durch medizinische Pflanzen, durch Askese, durch Mantras oder durch Meditation erlangt. Im *Rigveda*, dem ältesten Teil der indischen Veden, wird denn auch das Soma über 120 Mal erwähnt; ein Rauschgetränk, um mit den Göttern in Kontakt zu treten.

Wie könnte Ihrer Meinung nach heute eine spirituelle Praxis aussehen, welche Meditation mit psychedelischen Erfahrungen verbindet?
Menschen, die schon lange meditieren, ohne je einen Durchbruch erlebt zu haben, könnten von einer Psychedelika-Erfahrung profitieren. Oder als Auffrischung für eine über die Jahre vielleicht etwas zur Gewohnheit gewordenen Meditationspraxis. Viele der Teilnehmenden unserer Studie haben betont, von ihrer Reise wichtige Impulse für ihre tägliche Meditationspraxis erhalten zu haben. Das ist vielleicht vergleichbar

mit der Psycholytischen Therapie, bei welcher die Patienten nach mehreren Gesprächssitzungen zwecks Vertiefung oder Beschleunigung des Prozesses vom Therapeuten ein Psychedelika oder Entaktogen erhalten. Ausdrücklich als Unterstützung und Ergänzung und nicht als Ersatz für Therapie oder Mediationspraxis. Mehr oder weniger bewusst in den Fußstapfen der indischen Sadhus und Babas wandelnd, gibt es auch bei uns inzwischen Menschen, die regelmäßig meditieren und kiffen. Andere nehmen ein paar Mal im Jahr an einer Ayahuasca-Zeremonie teil, es sind hier viele Kombinationen denkbar. Auch für Initiationen, für Übergänge von einem in einen anderen Lebensabschnitt, könnten psychedelische Sakramente nützlich sein, zum Beispiel in der Pubertät, kombiniert mit einer Visionssuche; oder wenn's an die große Verwandlung, ans Sterben geht.

Es war Albert Hofmanns Vision und großer Wunsch, früher oder später wieder spirituelle Zentren wie Eleusis* zu haben. Bis dorthin ist es wohl noch ein langer Weg, aber wir leben in einer sich immer schneller wandelnden Welt. Gerade hinsichtlich der medialen und gesellschaftlichen Wahrnehmung von Psychedelika und Entaktogenen als äußerst potente Medizin erleben wir zurzeit erstaunliche Veränderungen, welche Grund zu Optimismus geben. Ich hätte nichts dagegen, wenn das Zentrum Felsentor eines Tages

---

**Die Initiations- und Weihe-Mysterien von Eleusis (Griechenland) fanden vermutlich seit 1500 v. Ch. bis ins vierte Jhdt.*

zu einem Ort werden würde, wo ein sicherer, ritualisierter Zugang zu solchen tiefgreifenden, oft lebensverändernden Erfahrungen kultiviert wird; wo sich eine Rauschkultur entwickeln kann, welche zu uns und zu unserer Zeit passt. Einen Anfang haben wir mit unserer Studie ja bereits gemacht.

Eine weitere Möglichkeit wäre zum Beispiel, mit Sterbehilfeorganisationen wie Exit zusammenzuarbeiten. Man könnte den Leuten, bevor sie zu einem tödlichen Medikament greifen, eine LSD-Erfahrung anbieten. Ich bin überzeugt, dass einige sich umbesinnen würden, dass sie den Mut fänden, sich fürs einstweilige Dableiben und einen «natürlicheren» Sterbevorgang zu entscheiden. LSD würde so die Chance erhalten, das Leben zu verlängern. Das Gegenteil also zur immer noch weit verbreiteten Meinung, dass LSD eine lebensgefährliche Substanz sei.

Sie unterstützen seit vielen Jahren wissenschaftliche Studien zur therapeutischen und bewusstseinsverändernden Wirkung von psychedelischen Substanzen. Was versprechen Sie sich davon?
Eine freundlichere, mitfühlendere, wohlwollendere, und schlussendlich auch überlebensfähigere Menschheit. Medizin und Psychotherapie sind die Anwendungsmöglichkeiten von Psychedelika, welche von der Gesellschaft am ehesten befürwortet werden können. Niemand kann etwas dagegen haben, wenn Krebskranke im Endstadium zur Angstminderung mit LSD oder wenn thera-

pieresistente Traumapatienten mit einem Entaktogen wie MDMA behandelt oder geheilt werden. MAPS, die Multidisciplinary Association for Psychedelic Studies, der ich seit ihrer Gründung vor über 30 Jahren angehöre, ist hier federführend. Wir sind im Zulassungsverfahren für groß angelegte und vielversprechende MDMA-Studien in den USA bereits in Phase III und haben von der Food and Drug Administration FDA ein beschleunigtes Verfahren zugestanden bekommen. Nicht zuletzt auch wegen des hohen Standards bei der Behandlung der Patienten und der bisherigen Ergebnisse der verschiedenen MDMA-Studien weltweit. Der Weg bis zum verschreibbaren Medikament scheint nicht mehr allzu weit.

Aktuell unterstütze ich den Schweizer Psychotherapeuten Peter Gasser. Er führt zusammen mit Matthias Liechti von der Uni Basel eine LSD-Therapiestudie über Menschen mit Angststörungen durch. Dass unser Experiment mit Psilocybin in Zusammenarbeit mit Franz Vollenweider von der Uni Zürich im Felsentor möglich war, freut mich ganz besonders. Solche Studien helfen, die psychedelischen Substanzen im positiven Sinne umzuwerten, sie von ihrem gesellschaftspolitischen Stigma zu befreien. Ich bin fest davon überzeugt, dass sich das positive Potenzial dieser Medizin für den menschlichen Geist auf die Dauer nicht schlechtreden und unterdrücken lässt. Angesichts der fortschreitenden Zerstörung unserer natürlichen Lebensräume sollten wir uns über diese Hilfsmittel und Möglichkeiten freuen, anstatt sie weiter zu kriminalisieren. Diese mächtigen Moleküle könnten einen wertvollen Beitrag leisten beim Aufwachen unserer Spezies, beim Innewerden und Überwinden unseres aggressiven und letztlich selbstzerstörerischen Verhaltens. Sie könnten uns helfen, ein harmonischeres Verhältnis zu uns selber, unseren Mitmenschen und zur ganzen Welt zu finden und zu leben.

Zum Interviewpartner
Vanja Palmers, Jahrgang 1948, ist Gründer des buddhistischen Zentrums Felsentor auf der Rigi, über dem Vierwaldstättersee. Ein weiteres Meditationszentrum, Puregg, hat er zusammen mit dem Benediktinermönch David Steindl-Rast in Österreich ins Leben gerufen. Palmers ist Zen-Priester in der Soto-Tradition und Dharma-Erbe seines Lehrers Kobun Chino Otogawa. Er leitet buddhistische Zen-Sesshin-Seminare, hält Vorträge in der Schweiz, in Österreich und den USA. Seit vielen Jahren setzt sich Palmers für die wissenschaftliche Erforschung und eine kontrollierte Freigabe von LSD und anderen Psychedelika ein und unterstützt entsprechende Forschungsprojekte auch finanziell. Palmers ist überzeugter Tierschützer und Umweltaktivist. Er hat eine erwachsene Tochter und lebt in Weggis im Kanton Luzern in der Schweiz.

Nachwort

Stehen wir in der Schweiz und vielleicht weltweit vor einer «Wiederentdeckung des Psychedelischen»? Der von Peter Oehen in diesem Buch beschriebene, noch versuchsweise Einsatz bewusstseinsverändernder Substanzen in der psychoanalytischen und medizinischen Praxis könnte in der Tat bald einmal vollständig legalisiert und breit akzeptiert sein. Der Grund liegt primär darin, dass die Pharmaindustrie mit wirksamen Medikamenten bei psychischen Erkrankungen weitgehend auf der Stelle tritt. Ihr Interesse, neue Stoffgruppen zum Beispiel gegen Depressionen und Posttraumatische Belastungsstörungen zu entwickeln, scheint gering zu sein (siehe Interview mit Dr. Peter Oehen Seite 105). Die Legalisierung von Cannabis für medizinische Zwecke und den freien Konsum wiederum ist – nach der Legalisierung in Kanada und mehreren Bundesstaaten der USA – auch im deutschsprachigen Raum nicht mehr undenkbar. In der Schweiz forderte gar im August 2018 die FDP Basel-Stadt als erste Kantonalpartei die vollständige Entkriminalisierung aller Drogen. Bereits früher hatte sich das heutige Schweizer Regierungsmitglied, der Tessiner Arzt Ignazio Cassis für die Regulierung aller psychoaktiven Substanzen starkgemacht. Der ehemalige Basler

Drogendelegierte Thomas Kessler wiederum, der in den 90er Jahren die Schweizer Drogenpolitik mit dem Viersäulenmodell Prävention – Repression – Therapie – Überlebenshilfe maßgeblich prägte, plädiert heute für eine ärztliche Verschreibung von LSD und MDMA auch zu Konsumzwecken.

Auch wenn diese politischen Vorstöße vor allem nüchternen Kosten-Nutzen-Überlegungen entspringen dürften, kann man sich beim Stand der aktuellen Drogendebatte die Frage stellen, wie eine Legalisierung und Regulierung von Psychedelika aussehen könnte. Der Entdecker des LSD, Albert Hofmann, plädierte nie für eine unkontrollierte Freigabe seiner Substanz, auch wenn in den 60er Jahren des 20. Jahrhunderts in den USA genau dies passierte. Mit all den geschilderten negativen Folgen. Die in der aktuellen Drogendiskussion gemachten Legalisierungs- und Regulierungsvorschläge möchten derartigen Fehlentwicklungen von vornherein einen Riegel vorschieben, indem sie auf eine «Medizinalisierung» bei der Abgabe von Psychedelika und Empathogenen setzen. Ärzte und Ärztinnen sollen entscheiden können, ob ich mein Bewusstsein durch psychedelische und empathogene Substanzen erweitern darf oder nicht. Als Vorgabe für die psychotherapeutische/psychiatrische Anwendung mag dies sinnvoll sein. Als Modell für die in diesem Buch porträtierten Personen taugt es meiner Meinung nach nicht, da dabei geistig gesunde, erwachsene Menschen auf ihrer spirituellen Suche bevormundet, ja im schlimmsten Falle pathologisiert werden. Wenn die Legalisierung und Regulierung von Psychedelika und Empathogenen nach rein medizinischen Überlegungen erfolgen würde, hätten etliche der in diesem Buch porträtierten Personen ihre tiefgehenden Erfahrungen so nicht machen können.

Vielleicht müsste die kontrollierte Freigabe von Psychedelika eher nach einem «Reifemodell» erfolgen. In einem indischen Weisheitswort heißt es: «Mit 42 sollte ein Mensch beginnen, an den Himalaya zu denken. Mit 49 sollte er auf dem Weg dorthin sein.» Im Judentum war früher das Studium der Weisheitslehre Kabbala verheirateten jüdischen Männern nach Vollendung des 40. Lebensjahres vorbehalten. Später allen, Männern wie Frauen, die einen tiefen Wunsch nach Spiritualität in sich verspürten. Auch wer im europäischen Mittelalter ins Kloster eintrat, war nicht zwingend jung und vom Leben unbeleckt, sondern tat diesen Schritt oft im reiferen Alter. Ein gesetzliches Alterslimit, wie immer es festgelegt wird, könnte an einen «Führerschein zum Umgang mit Psychedelika» gekoppelt sein, wie ihn der deutsche Philosoph Thomas Metzinger (siehe Interview mit Lucius Werthmüller Seite 67) bereits 2004 vorgeschlagen hat.

Vorstellbar wäre etwa auch, dass moderne «Eleusis-Zentren» geschaffen würden, wo unter Anleitung erfahrener spiritueller Lehrer und

Lehrerinnen Psychedelika und Empathogene konsumiert werden könnten. An kreativen Lösungen sollte es nicht fehlen. Es gibt genügend Menschen unter uns, die Vorschläge anzubieten hätten. Und, wie dieses Buch zeigt, gibt es viele, die über entsprechende Erfahrungen verfügen, die sie förderlich einbringen könnten.

Glossar

DMT

(Dimethyltryptamin) ist ein natürlich vorkommendes Psychedelikum, das in einer Vielzahl von Pflanzen auf der ganzen Welt wie auch in der menschlichen Zirbeldrüse vorkommt. Bekannt ist DMT vor allem als psychoaktiver Teil der Pflanzenmischung Ayahuasca, welche als Tee konsumiert wird. Die Wirkungen eines DMT-Trips reichen von fantastischen Visionen bis zu Begegnungen mit Ahnen, Geistern oder nicht-menschlichen Wesenheiten und ausgeprägten Sterbeerfahrungen (Ayahuasca wird deshalb auch als Liane des Todes bezeichnet). Ayahuasca werden ausgeprägt heilende und vitalisierende Wirkungen nachgesagt Die Dauer eines Ayahuasca-Trips liegt im Halbstundenbereich, kann aber durch wiederholte Einnahme auf mehrere Stunden verlängert werden.

EMPATHOGENE

Als Empathogen bezeichnet man einen Wirkstoff, der dazu führt, dass die unter seinem Einfluss stehende Person ein Gefühl von großer Verbundenheit und Empathie mit anderen Menschen entwickelt. Dabei können sich mystische All-Einheits-Erfahrungen einstellen.

ENTAKTOGENE

Als Entaktogene (Adjektiv entaktogen, «das Innere berührend», aus griechisch en «innen» und lateinisch tactus «berührt») werden psychoaktive Substanzen bezeichnet, unter deren Einfluss die eigenen Emotionen intensiver wahrgenommen werden (Aus: Wikipedia, siehe dort auch Empathogene).

ENTHEOGENE

Das Adjektiv entheogen (von altgriechisch en «in» und theos «Gott» und genesthai «bewirken») bezeichnet eine spirituelle Erfahrung, die als All-Einheit empfunden wird. In einem allgemeineren Sinne werden als Entheogene solche Stoffe und Zubereitungen bezeichnet, die traditionell zu spirituellen, mystischen und religiösen Zwecken benutzt werden. Ihr (...) Gebrauch kann bei den unter Einfluss stehenden Personen das Gefühl hervorrufen, mit einer Gottheit oder anderen Wesenheiten verbunden zu sein oder das ganze Universum zu erfassen und zu schauen (religiöse Vision). (...) Gemäß dieser Definition sind Entheogene weitgehend identisch mit den Psychedelika (Aus: Wikipedia).

HALLUZINOGENE

Als Halluzinogene werden psychoaktive Substanzen bezeichnet, welche eine stark veränderte Wahrnehmung der Alltagsrealität bewirken können. Halluzinogene Substanzen können Sinneswahrnehmungen hervorrufen, die nur für die die psychoaktive Substanz einnehmende Person real erscheinen (Halluzinationen). Das können akustische, visuelle, haptische oder anders geartete Eindrücke sein. Bei Psychedelika, welche nicht zu den Nachtschattengewächsen gehören, bleibt bei der Einnahme oft die Reflexionsebene zumindest teilweise erhalten. Dies erlaubt dem oder der Reisenden einzuschätzen, dass die veränderte Wahrnehmung auf die Einnahme der Substanz zurückzuführen ist. Man spricht in diesem Zusammenhang von «Pseudohalluzinationen».

HOLOTROPES ATMEN

(oder: Holotrope Atemarbeit, vom griechischen holos «ganz» und trepein «sich richten auf» oder «sich begeben», «auf Ganzheit ausgerichtet») ist eine von dem Psychiater Stanislav Grof und dessen Frau Christina Grof entwickelte Atemtechnik, mit derer man Erfahrungen machen kann, die dem Alltagsbewusstsein nicht zugänglich sind. Im Speziellen sind dies Erfahrungen bei der Geburt, aber auch Erfahrungen als Fötus und transpersonale Erfahrungen. Das Ziel dieser Technik sind die (psychotherapeutische) Bearbeitung und Integration nicht oder unzureichend integrierter Persönlichkeitsanteile zu einer Ganzheitserfahrung (Aus: Wikipedia).

LSD

(Lysergsäurediethylamid) ist das stärkste bekannte Psychedelikum. Es entfaltet ab einer Dosierung von 100 Mikrogramm (Millionstel eines Grammes) psychedelische Wirkungen. Die Effekte erstrecken sich von großer geistiger Klarheit, ekstatischen Gefühlen der Liebe, All-Eina-Erfahrungen, verändertem Raum- und Zeitempfinden, «out-of-body-experiences» über fantastische Visionen von Farben, Mustern, Gegenständen, Personen und Wesenheiten, Synästhesien (Kopplungen mehrerer Sinneswahrnehmungen) zu negativ erlebten Erfahrungen wie Todesangst, angstvoller Auflösung des Ich, Kontrollverlust und furchterregender Visionen und

Bildern. Je nach Dosis dauert ein LSD-Trip zwischen 5 und 20 Stunden (Angabe: D.M. Turner, *Der Psychedelische Reiseführer*, Nachtschatten Verlag, Solothurn 1997).

MDMA

(3,4-Methylendioxy-N-methylamphetamin) ist ein synthetisches Empathogen, das eine emotionale Herzöffnung und starke Verbundenheit mit anderen Personen hervorruft. Unter dem Begriff Ecstasy fand MDMA in den 1980er Jahren Verbreitung in der internationalen Technoszene. Da es stark angstlösend wirkt, eignet es sich auch gut zur psychotherapeutischen Behandlung von Angststörungen und Posttraumatischen Belastungsstörungen. Die Erfahrung einer Atmosphäre frei von Urteilen und Bewertungen, von Einverstandensein mit dem, was ist, kann als sehr heilend erlebt werden.

MESKALIN

Ein natürliches Psychedelikum, welches in verschiedenen Kaktusarten vorkommt, vor allem in Peyote und San Pedro. Meskalin ruft tendenziell stark körperbezogene, sich «erdig» oder «organisch» anfühlende Bewusstseinszustände mit lebhaften Visionen in «satten» Farben und Synästhesien hervor, aber auch als authentisch erlebte Begegnungen mit dem Pflanzengeist «Mescalito». Ein Meskalin-Trip dauert zwischen 6 und 14 Stunden (Angabe: *Der Psychedelische Reiseführer*).

MYSTERIEN VON ELEUSIS

Die Mysterien von Eleusis (Griechenland) fanden vermutlich ab 1500 vor Christus bis 500 nach Christus jedes Jahr statt. Wer an diesen Initiations- und Weiheriten teilnahm, unterstand der Geheimhaltungspflicht. Aus archäologischen Funden und überlieferten Texten (z. B. von Sophokles) konnten die Abläufe der Feiern weitgehend rekonstruiert werden (Aus: Wikipedia). Den Teilnehmenden wurde beim Ritual auch das heilige Getränk «Kykeon» verabreicht, welches nach Meinung des LSD-Entdeckers Albert Hofmann und des Mykologen Gordon Wasson «eine mit LSD eng verwandte Mutterkorn-Zubereitung» gewesen sein soll (In: *Albert Hofmann und sein LSD*, von Dieter Hagenbach und Lucius Werthmüller, AT Verlag, Aarau und München 2011, S. 305).

PSILOCYBIN-PILZE

Pilze mit dem psychoaktiven Alkaloid Psilocybin. Psilocybin-Trips rufen starke Visionen ähnlich jenen von Meskalin hervor. Im Gegensatz zu den eher als langsam verlaufend erlebten Meskalin-Reisen können Pilz-Trips einen sprunghaften Charakter annehmen. Die Dauer eines Pilz-Trips liegt zwischen fünf und sieben Stunden (Angabe: *Der Psychedelische Reiseführer*).

PSYCHEDELIKA

sind nicht-abhängig machende psychoaktive Stoffe, die starke Veränderungen in Stimmung, Denken und Wahrnehmung auslösen – dergestalt, dass die Alltagsrealität völlig anders erlebt wird. Unter Einfluss von Psychedelika kann es zu körperlichen Entgrenzungserfahrungen und mystischen Einheitserfahrungen, zu Transzendenz von Zeit und Raum und einer weitgehenden visionären Umgestaltung der Alltagswirklichkeit kommen.

PSYCHOLYSE/PSYCHOLYTISCHE THERAPIE

ist eine Methode, welche die Wirksamkeit psychotherapeutischer Prozesse mit Medikamenten unterstützt. Zum Einsatz gelangen Empathogene wie MDMA oder Psychedelika wie LSD. Die Medikamente werden jedoch nicht täglich eingenommen, sondern nur wenige Male im Rahmen einer mehrjährigen Psychotherapie verabreicht. (Aus: Website SAEPT, Schweizerische Aerztegesellschaft für Psycholytische Therapie).

PSYCHONAUTEN/PSYCHONAUTINNEN

Menschen, die mit psychedelischen Substanzen auf die Reise gehen.

REISEN

Auch: «Trips», Insider-Bezeichnung für Erfahrungen mit Psychedelika und Empathogenen.

SET UND SETTING

bezeichnen beim Konsum von psychoaktiven Substanzen die mentale Verfassung des Konsumenten (Set) und die Umgebung, in welcher der Konsum erfolgt (Setting). Sie bestimmen neben der Dosierung maßgeblich den Verlauf eines Drogentrips. Dieser wird beeinflusst von der Stimmung, den Gedanken und der Erwartungshaltung der Konsumenten und Konsumentinnen wie auch von deren Umgebung, sprich den Rahmenbedingungen zum Zeitpunkt der Einnahme. Man spricht in diesem Zusammenhang beispielsweise von einem schamanistischen oder psycholytischen Setting. Bei Ersterem können schamanische Elemente wie Trommeln und Rasseln, Räucherungen und so weiter eine Rolle spielen. Für schamanastische Substanzenerfahrungen werden gerne auch schöne Naturplätze aufgesucht. Das psycholytische Setting hingegen ist in der Regel in eine Therapie (Psycholyse) eingebettet.

SUBSTANZEN

Insider-Bezeichnung für bewusstseinserweiternde psychedelische und empathogene pflanzliche und chemische Wirkstoffe.

Literatur

Matthias K. Diesch. LSD: Rückkehr in die klinische Forschung. Nachtschatten Science, Solothurn 2015

Adolf Dittrich. Ätiologie-unabhängige Strukturen veränderter Wachbewusstseinszustände. VWB Verlag, Berlin 1996

Adolf Dittrich, D. Lamparter, M. Maurer. 5D-ABZ: Fragebogen zur Erfassung Außergewöhnlicher Bewusstseinszustände, Eine kurze Einführung. Psin Plus, Zürich 1999

Dieter Hagenbach und Lucius Werthmüller. Albert Hofmann und sein LSD, AT Verlag, Aarau & München 2011

Paul-Philipp Hanske und Benedikt Sarreiter. Neues von der anderen Seite – Die Wiederentdeckung des Psychedelischen. Edition Suhrkamp, Berlin 2015

Henrik Jungaberle, Peter Gasser, Jan Weinhold und Rolf Verres (Hrsg.). Therapie mit psychoaktiven Substanzen. Verlag Hans Huber, Bern 2008

Ralph Metzner, Handbuch für nachhaltige Erfahrungen mit Entheogenen, Nachtschatten Verlag, Solothurn 2017

Claudia Müller-Ebeling, Arno Adelaars. Ayahuasca: Rituale, Zaubertränke und visionäre Kunst aus Amazonien. AT Verlag Aarau & München 2006

Walter N. Pahnke. Drugs & Mysticism: An Analysis of the Relationship between Psychedelic Drugs and Mystical Consciousness. Harvard University, Cambridge 1963

Michael Pollan. Verändere dein Bewusstsein. Kunstmann, München 2019

Christian Scharfetter. Das Ich auf dem spirituellen Weg. Verlag Wissenschaft & Praxis, Sternenfels 2004

D.M. Turner. Der Psychedelische Reiseführer. Nachtschatten Verlag, Solothurn 1997

WEBSITES

http://www.eve-rave.ch
https://www.erowid.org
https://www.felsentor.ch
http://lexikon.mystica.tv
https://maps.org
https://petergasser.ch
http://www.reconnect-foundation.org
http://saept.ch

Fragen an die GesprächspartnerInnen zur Langzeiterfahrung mit Psychedelika und Empathogenen

In welchem Alter sind Sie zum ersten Mal mit Psychedelika wie LSD oder Entaktogenen wie MDMA in Kontakt gekommen? Aus welchem Motiv haben Sie diese Erfahrung machen wollen? Wie waren Set und Setting beim ersten Mal? Wie war die Wirkung?

In welchen Momenten (Lebenssituationen, Lebensabschnitten?) haben Sie danach Psychedelika zu sich genommen? Sporadisch, regelmässig?

Wann wurden bewusstseinserweiternde Substanzen zu einem festen Begleiter in Ihrem Leben? Wie kam das? Wonach haben Sie gesucht? Und zu welchen Einsichten und Erfahrungen verhalfen Ihnen diese Substanzen?

Sie sind jetzt (?) alt. Wenn Sie zurückschauen, haben sich Ihre Erfahrungen und Einsichten beim Gebrauch von Psychedelika im Laufe der Jahre und Jahrzehnte verändert? Haben Sie allenfalls aufgehört, Substanzen zu sich zu nehmen? Aus welchen Gründen? Welche Langzeitwirkungen nehmen Sie bei sich wahr? Inwiefern helfen Ihnen diese Erfahrungen, Ihren Lebensalltag besser zu bewältigen? Insbesondere jetzt, wo Sie älter werden. Haben Sie auch erlebt, dass sich der Gebrauch von Psychedelika als Stolperstein erwies?

Könnten Sie sagen, dass Ihnen die langjährige Begleitung durch bewusstseinserweiternde Substanzen zu spirituellen und mystischen Erfahrungen verholfen hat? Zu spirituell-mystischen Erfahrungen, zu denen Sie ohne Zugang zu diesen Substanzen nicht gekommen wären? Worin bestanden und bestehen solche spirituellen Erfahrungen und Einsichten für Sie? Machten Sie auf psychedelischen Reisen schon Erfahrungen, welche mit (Ihrem) Sterben und Tod zu tun haben?

Welche Rolle spielt das körperliche, geistige und seelische Älterwerden beim Gebrauch von Psychedelika? Wie haben sich Set und Setting diesbezüglich verändert? Sind Sie vorsichtiger geworden bei der Dosierung und in der Häufigkeit der Einnahme, sind Sie vermehrt auf eine sichere Umgebung mit Hilfsangeboten angewiesen?

Könnten Sie sich vorstellen, sich bei unheilbarer Krankheit und beim Sterben von Psychedelika begleiten zu lassen?

Über den Autor

Claude Weill, geboren 1950, lebt in Zürich. Nach seinem Studium der Geschichte und Publizistik an der Universität Zürich arbeitete er viele Jahre als Journalist und Redakteur für Schweizer Printmedien. Ab 1999 war er neben seiner journalistischen Beschäftigung als Erwachsenenbildner, Berufsschullehrer und Stressbewältigungstrainer für Schulen, Organisationen und Unternehmen tätig. 2017 erschien in der Edition8 sein Buch *In Glücksmomenten bin ich weder jung noch alt – Zwölf Porträts von Menschen nach der Lebensmitte*. Mit existenziellen Fragestellungen und Spiritualität befasst sich der Autor seit vielen Jahren, Erfahrungen mit psychedelischen und empathogenen Substanzen machte er zum ersten Mal im Alter von 53.